मुहल्ले का रावण

मुहल्ले का रावण

रमेशचन्द्र शाह

वाणी प्रकाशन

वाणी प्रकाशन

4695, 21-ए, दरियागंज, नयी दिल्ली 110 002

शाखा

अशोक राजपथ, पटना 800 004

फ़ोन : +91 11 23273167 फ़ैक्स : +91 11 23275710

www.vaniprakashan.in
vaniprakashan@gmail.com
sales@vaniprakashan.in

MUHALLE KA RAVAN
by Rameshchandra Shah

ISBN : 978-93-5000-184-4
Collection of Short Stories

प्रथम संस्करण 2010
आवृत्ति 2018

मूल्य : ₹ 295

एम.एस. प्रिंटर्स, दिल्ली-110 093 में मुद्रित

वाणी प्रकाशन का लोगो मक़बूल फ़िदा हुसेन की कूची से

इजा के लिए

अनुक्रम

आशा की कहानी

आखिरकार वह दिन आ ही गया, जिसका परमेश्वरी को इन्तजार था। आशा की दूकान पर परमेश्वरी का क़ब्ज़ा हो गया। क्या ही नाच नचाया था आशा ने परमेश्वरी को! मुहल्ले वाले दंग थे। पर किसकी मज़ाल थी कि टोके परमेश्वरी को, और पूछे यह क्या कर रहे हो—तुम्हें कमी किस बात की है? अरे, हम सब क्या मर गये जो इस कोढ़ी के पीछे लगे हो? तुम्हें दूकान ही तो चाहिए ना—हमसे क्यों नहीं बोलते? सारी कमाई फूँकने को ये गड्ढा ही मिला तुम्हें?

मन में चाहे सभी के यह बात थी, पर मुँह खोल के सीधे परमेश्वरी से कोई कुछ नहीं कह सकता था। क्यों नहीं कह सकता था? पहले की बात और थी। पर अब तो परमेश्वरी भी वह परमेश्वरी नहीं रह गया था जो एक ज़बर्दस्त चुम्बक था और बिजली का नंगा तार भी,—जो कभी भी अचानक कोई गुल खिला सकता था—और फिर भी जिसके नज़दीक फटकना किसी के लिए आसान नहीं था। जो कभी भी प्रगट हो सकता था और कभी भी अन्तर्धान। और इसलिए जो मायावी लगता था : आदमी से कहीं ज़्यादा एक किंवदन्ती।

पर अब वह किंवदन्ती भी कहाँ रह गया था! वह तो सार्वजनिक रूप से नंगा और सपाट हो चला था। कोई मुनि तो वह था नहीं कि कहे चातुर्मास कर रहा है। बिजली की कौंध की तरह प्रगट और विलीन हो जाने वाला वह मायावी करिश्मा आज पाँच महीनों से इस कस्बे से चिपका बैठा था। कस्बे से भी क्या, एक मुहल्ले से; और मुहल्ले के अन्दर भी सिर्फ एक आदमी से, जिसका नाम आशा था और जो इस मुहल्ले और इस शहर में आधी सदी गुजार कर भी इस मुहल्ले और इस शहर का नहीं था—कहीं और से आया था और वहीं वापस लौटने वाला था। कैसी-कैसी तो बीमारियाँ उसकी जान को लगी हुई थीं, जो उससे हमदर्दी रखने वालों को भी बहुत पास नहीं फटकने देती थी। वह शराबी-कबाबी और जाने क्या-क्या हो गया था—मुहल्ले के लिए एक बला। और जैसे ही मुहल्ले वालों को लगा कि यह बला अब बस टला ही चाहती है, वैसे ही जाने कहाँ से यह हीरो आसमान से आ टपका

और उसके साथ लिथड़ गया। दो-चार दिन नाक-भौं सिकोड़ते-सिकोड़ते भी लोग यही उम्मीद करते रहे कि चलो शायद इस बहुरुपिये की एक सनक यह भी है और जल्द ही मिट जायेगी। मगर जब महीने पे महीने चढ़ते गये और परमेश्वरी ने अपने घर से भी ज़्यादा आशा की दूकान में ही अड्डा जमा लिया तो पूरे मुहल्ले को जैसे साँप सूँघ गया।

परमेश्वरी का यह हश्र होगा—किसी ने भी नहीं सोचा था। हममें से प्रत्येक लुटा-पिटा अनुभव कर रहा था। हमारा परमेश्वरी खुद हमारी ही नज़रों में इस कदर गिर जायेगा, यह किसने सोचा था! मगर अब, जब उसकी पोल-पट्टी उघड़ गयी थी, हमारी घृणा का कोई पारावार न था। और उस पारावार में सिर्फ परमेश्वरी ही नहीं, खुद हम भी गले-गले तक डूबे हुए थे। आखिर हमीं ने उसे चढ़ाया था, हमीं ने उसे उछाला था। हमीं उससे खौफ खाते थे—हमीं उसके भाग्य से जल मरते थे। हमीं ने—हम जो कुछ भी अपनी करम जली ज़िन्दगी में करने को छटपटाते थे और कभी नहीं कर पाते थे—वह सब कर गुज़रने की कुव्वत उसमें देखी थी।

...आखिर यह वही परमेश्वरी था जो जरा-सी बात पर रूठकर अपने पिता से झगड़ के लड़कपन में ही भाग गया था और तब वापस लौटा था जब सब कुछ खत्म हो गया था। यह वही परमेश्वरी था जिसकी अकड़ और ऐंठ का कोई हिसाब ही न था—जो सीधे मुँह किसी से बात ही नहीं कर देता था और भूले से भी जिस किसी पर मुस्करा देता था उसी की बाँछे खिल जाती थीं। जो चार-पाँच बरस में बस एकाध बार अवतरित होता था और ऐसी-ऐसी चीज़ें लेकर, जो मुहल्ले तो मुहल्ले, पूरे कस्बे के लिए सनसनी बन जाती थीं। जो आता था तो जब तक रहता था, सनसनी बनके रहता था और जाता था तो फिर से लौट के आने तक अफवाहों में धड़कता रहता था। कभी वह मिलिटरी में होता था तो कभी रेडियो-मिकेनिक। कभी पता चलता था वह तो बड़ा भारी एक अखबार निकालता है और हमारे तुम्हारे जैसे बीसियों पर सवारी गाँठता है। एक दिन उसके किसी एस्टेट का मैनेजर होने की ख़बर फैली तो एक बार सुनने में आया वह स्मगलिंग के धन्धे में पकड़ा गया है और जेल की हवा खा रहा है। मुझे अच्छी तरह याद है जब यह ख़बर फैली थी और उसके काफी अरसे बाद वह अचानक प्रकट हुआ था तो मुहल्ले के कई जवाँमर्दों ने बारी-बारी से बीड़ा उठाया था कि वे सच्ची बात पता करके ही दम लेंगे। मगर वह जैसे प्रगट हुआ था, वैसे ही अन्तर्धान भी हो गया और जवाँमर्दों की जवाँमर्दी का सिर्फ इतना ही सबूत देखने में आया कि किसी की कलाई में नयी घड़ी बँधी हुई है तो किसी की जेब में नया फाउण्टेन पेन चमक रहा है और कोई मलेसिया के पाजामे की जगह फलालैन की पैंट में फिट है।

ऐसा हमारा जलवागर अब आशा पनवाड़ी के दड़बे में धूनी रमाये बैठा था और शर्म-हया सब ताक पर रखके। इतना बुरा तो लोगों को तब भी नहीं लगा था जब

मुहल्ले और खुद अपने मुँह पर दिनदहाड़े कालिख पोतते हुए हमारे आशा भगत एक नाचने-गाने वाली डोमनी के साथ लापता हो गये थे और सारी कमाई-धमाई उस पै निछावर कर चुकने के बाद एक दिन नशे में धुत्त गालियाँ बकते हुए वापस इसी दड़बे में दाखिल हुए थे। ऐसे आदमी से भला किसको सहानुभूति हो सकती थी! सिवा इस बहुरुपिये के, जो मानो इसी मौके की तलाश में था और अपना सब कुछ दाँव पे लगा देने पर तुला हुआ था। वह भी एक हारे हुए जुआड़ी के साथ, इस बगुलाभगत आशा के साथ, जिसने अपनी ज़िन्दगी भर की साख मिनटों में चौपट करके रख दी थी। सोचने की बात है—जब हम उस आशा को ही क्षमा करने में स्वयं को असमर्थ अनुभव कर रहे थे, जिसने कि एक बाहरी आदमी होते हुए भी ज़िन्दगी भर हमारे सुख-दुःख में बराबर साझा किया था और जिसे हम अपनों से कहीं ज़्यादा इज़्ज़त देते रहे—जब उस आशा को ही हमने नहीं बख़्शा, तो फिर इस परमेश्वरी को ही हम कैसे बख़्श देते जो हमारा होकर भी हमारा नहीं था, जो परदेसी की तरह हमारे साथ सलूक करता था, और सिर्फ हमें तरसाने को, हमारी छाती पे मूंग दलने को ही कभी-कभार प्रगट होता था। खैर चलो जैसा भी था, जो कुछ भी था, कम से कम कहने को तो था कि हमारे मुहल्ले का लड़का बाहर धूम मचा रहा है, नाम कमा रहा है। खाने का नहीं तो कम से कम दिखाने का दाँत तो था। मगर इसने तो अपने साथ हमारी भी लुटिया डुबो दी। पहले तो आये ही क्यों? किसने कहा था? वहीं गुलछर्रे उड़ाते जहाँ थे। हमारा भरम ही कायम रखते। और जब आ ही गये थे अपना थूका हुआ चाटने, तो रहते उसी ठसके से। कौन तुम्हें रोक रहा था! अगर वो सब मदारीगिरी थी तो हमसे आके बतलाते। हम क्या मर गये थे जो उस अपाहिज को पकड़ के बैठ गये? दरद हो तो हमको हो। तुम्हारा वो क्या लगता है? तुम उसे क्या जानते हो। अपना किया भुगत रहा है तो तुम्हीं को ऐसी क्या पड़ी है? जैसे इन्होंने ठेका ले रखा हो मुहल्ले भर का। चोर मुख-चाण्डाल मुख, जैसे भी भर रहे थे उस पापी का गड्ढा हम भर ही तो रहे थे। ये हमारे उसके बीच की बात थी। खुद का तो ठिकाना नहीं और चले हैं बड़े पुण्यात्मा पतितपावन बनने!

तरह-तरह की बातें। मुहल्ले के सयानों की नाक में दम कर रखा था। परमेश्वरी बहुरुपिये ने। जहाँ तक हमारा सवाल है, हम भी आखिर थे तो उन्हीं के लड़के; और सयानों की दुनिया में बहुत दिलचस्पी न लेते हुए भी उसमें कहीं न कहीं तो शरीक थे ही। मगर हमारी राय के बदलने में और सयानों की राय बदलने में फर्क तो कुछ न कुछ होता ही। आखिर परमेश्वरी का लड़का हमारा नया-नया दोस्त बना था और इस नाते परमेश्वरी को हमारा चचा बन जाने से भला कौन रोक सकता था! इतना ज़रूर था कि पहले के परमेश्वरी हमारे लिए मुहल्ले के एक परदेस में बस गये चचा भर नहीं थे—एक उड़न तश्तरी या कहिये, चलता-फिरता सरकस थे। उनका सचमुच चचा बनकर मुहल्ले के निहायत बासी दृश्यों के साथ एकाकार हो जाना हम लड़कों

के लिए भी शुरू-शुरू में एक अजूबे से कम नहीं था। फिर भी अगर हम सयानों की तरह छी-छी, थू-थू नहीं कर पा रहे थे तो इसकी कुछ वजह थी। एक वजह तो यही, कि सयानों के लिए भले ही परमेश्वरी दाता से भिखारी बन गये हों, हमारे लिए अभी उनकी हैसियत भिखमंगे जैसी नहीं बन पाई थी। वे अब भी हमें आश्चर्यचकित कर दे सकते थे और बिना कुछ खास लिये-दिये ही।

पर इससे भी ज़बर्दस्त एक और वजह थी जो हमें परमेश्वरी के बारे में सयानों की तरह राय बना लेने में दिक्कत पेश कर रही थी और वह यह, कि परमेश्वरी आखिर आशा की खिदमत में जुटकर ही अपना परमेश्वरीपन घटा रहे थे। और परमेश्वरी के बारे में हमारी और सयानों की राय में जितना फ़र्क था, उससे कहीं ज़्यादा फ़र्क आशा के बारे में था। दरअसल मैं जब यह किस्सा सुनाने बैठा था, मेरे दिमाग में आशा ही आशा था। परमेश्वरी का दखल तो क्या मेरी कहानी में, और क्या मेरी याददाश्त में, बस नाम भर को ही था। आखिर परमेश्वरी को हम जानते ही कितना थे। परमेश्वरी तो हमारे बचपन की दुनिया में सिर्फ एक अफवाह थे। मगर आशाराम तो क्या हमारे बचपन की, और क्या हमारे मुहल्ले की, जान और शान दोनों थे। मैं अभी अपनी उम्र के पैंतालीसवें साल की इस शाम को बन्द आँखों के भीतर परमेश्वरी चचा की शक्ल हू-ब-हू नहीं उतार पा रहा हूँ, हालाँकि वे अभी जिन्दा हैं और हर तीसरे-चौथे साल उनसे मेरी भेंट भी होती रहती है। जबकि आशा कभी के मर-खप चुके—उन्हें मरे-खपे भी कम-से-कम तीस साल गुज़र गये होंगे और मेरी खुली आँखों के सामने वे अपनी सैकड़ों मुद्राओं और हज़ारों हरकतों के साथ उतने ही उजागर हैं। बल्कि पहले से कहीं ज़्यादा। आखिर क्या वजह है कि मुहल्ले का कोई और आदमी मुझे इस तरह नहीं घेरता, मुझसे इस तरह नहीं बोलता?

परमेश्वरी से मुझे इसलिए भी सहानुभूति थी कि मैं अपने लड़कपन के दिनों में ज़रा ज़्यादा ही भावुक था और उन्हें आशा को कन्धों पर लादके हनुमान मन्दिर की ओर लपकते देखकर मुझे श्रवण कुमार की याद आती थी। दूसरे, बाकी सारे लड़कों में सबसे ज़्यादा कौतुकी, कुतूहली शायद मैं ही था और परमेश्वरी को भी अपनी बदहाली के दिनों में एक ऐसे ही श्रोता की तलाश थी जो न तो सयानों की तरह हो, न बच्चों की तरह। और जो न तो बहुत तेज हो, न एकदम ही घोंघा बसन्त। अब भी जब कभी मैं अपने शहर जाता हूँ, परमेश्वरी चचा मेरी आवाज़ सुनके ही अपने दो तल्ले की बैठक के नीचे दूकान में उतर आते हैं और दुनिया-जहान की बातें पूछने लगते हैं। वह ज़माना तो गया जब वे खुद मेरे लिए दुनिया-जहान की तसवीर बनाते थे : तब की बात और थी। अब तो वे बुढ़ा गये हैं—दिखायी-सुनायी भी उन्हें बहुत कम देता है और उनके पास बैठके यही लगता है कि खुद अपने कारनामे भी उन्हें, पता नहीं, याद होंगे कि नहीं। हाँ, अगर मेरे जैसा चिपकू कोई उन्हें खूँदने पर ही तुल जाये तो शायद उनके भीतर मरी पड़ी चीज़ों में भी कोई हरकत

हो। वरना तो वे रोज़मर्रा की सतह से चिपटी हुई एक झिल्ली भर रह गये हैं : लगभग जीवन्मृत। और वह भी अपने लड़के की बदौलत, जो उन्हें खिला-पिला ज़रूर देता है पर किसी भी मामले में उन्हें नहीं पूछता—मनमाने ढंग से रहता है और किसी तरह की टोका-टोकी कारोबार को लेकर—बिल्कुल पसन्द नहीं करता। परमेश्वरी चचा के लिए भी क्या इतना काफी नहीं है कि उनका लड़का उनकी अपनी ज़मीन पर क़ायम है और मनमाने ढंग से ही सही, पुरखों की लीक थामे हुए है। कम-से-कम खूँटा तुड़ाके तो नहीं भागा जैसे कि वे खुद एक दिन भागे थे। नहीं, उन दिनों को तो अब परमेश्वरी याद भी नहीं करना चाहते होंगे। मगर एकदम भी मैं कैसे कहूँ? जाने कितने किस्से अपने लड़कपन और जवानी के उन्होंने मुझको सुनाए हैं। इसी दूकान में या उसके ऊपर दोतल्ले की बैठक में। हाँ, मेरे अलावा भी किसी और को उन्होंने यह सब सुनाया होगा—मुझे भरोसा नहीं होता। तो क्या मैं ही उनकी याददाश्त हूँ?

बहरहाल, परमेश्वरी की याददाश्त मैं हूँ—ऐसी खुशफहमी के लिए तो मेरे पास कुछ वजह भी है। मगर आशा? आशा के बारे में सच पूछो, तो यही कहना होगा कि आशा ही पूरे मुहल्ले की याददाश्त थे। विडम्बना देखिये कि कहानी मुझे परमेश्वरी की नहीं, आशा की ही लिखनी है और इससे भी बड़ी विडम्बना यह कि आशा की यह कहानी भी मुझे काफी-कुछ मुहल्ले की याददाश्त से नहीं—परमेश्वरी की याददाश्त से ही निकालनी पड़ रही है। जबकि मुहल्ला अभी बरकरार है। कहीं से भी उजड़ा नहीं है और अभी भी कई सारे लोग मौजूद हैं जो मुझसे कई गुना बेहतर आशा को जानते रहे होंगे। जो आशा के साथ खेले-कूदे, गाये-बजाये भी होंगे। फिर मुझसे किसने कहा कि तुम आशा की कहानी लिखो?

सचमुच मैं कहना चाहता हूँ अपने मुहल्ले और कस्बे के लोगों से, कि देखो आशा मुझे तंग कर रहा है। आज दस-पन्द्रह साल से वह हाथ धोके मेरे पीछे पड़ा हुआ है कि "मेरी कहानी लिखो—मेरी मुक्ति तभी होगी। देखो, तुम्हारे मुहल्ले वालों ने मेरे लिए कुछ नहीं किया। मैंने जो कुछ बिगाड़ा था, अपना बिगाड़ा था—उनका मैंने क्या बिगाड़ा था? अरे जब नारद जैसे ऋषि-मुनि भी मोहनी माया के पीछे पागल होके दौड़ गये तो आशा भगत तो महज हाड़मांस का ही पुतला था। और ठोकर खाकर भी आखिर में लौटा तो तुम्हारी ही शरण में था। वो मुझे नहीं छोड़ती तो भी तुम्हारे सिवा मेरे लिए और कहाँ ठौर थी! उसके पीछे मैं पागल हुआ तो क्या तुम्हारे लिए मैं अछूत हो गया?"

मैं मुहल्ले को जगाता हूँ, अपने कस्बे को जगाता हूँ—कहो, आशा की कहानी कहो—अपने आशा भगत की कहानी कहो। पर वे मुझे कुछ नहीं बताते। यह भी नहीं कि वे आशा को एकदम ही भूल गये हों। कम से कम मुझे तो ऐसा नहीं लगता। मैं जब भी वहाँ जाता हूँ, हर बार मुझे यही लगता है कि आशा की रूह वहाँ भटक रही है और उन्हें वक्त-बेवक्त सताती भी है। पर वे नहीं जानते कि यह आशा की

रूह ही है जो उन्हें चैन से नहीं सोने दे रही है। मैं आशा की बात पूछता हूँ और वे परमेश्वरी की बात करने लगते हैं। उस परमेश्वरी की नहीं, जो अब उनके मुहल्ले के ही नहीं, अपनी ज़िन्दगी के भी किनारे बैठा हुआ है—बल्कि उस परमेश्वरी की, जिसने उनकी नाक काट दी थी—अपनी लुटिया डुबो दी थी—बेशक, आशा की बदौलत।

...हाँ, तो कोई छै महीने गुज़र चुके थे परमेश्वरी को—आशा की खिदमत बजाते हुए, और मुहल्ले वालों के लिए अब बस एक ही इन्तज़ार बचा था : आशा की मौत का और परमेश्वरी के ठगे जाने का। पर परमेश्वरी था कि उसी निर्लज्ज निष्ठा से जुटा हुआ था और हार ही नहीं मान रहा था। यों सभी को मालूम था वह किसलिए जुटा हुआ है। हैरत की बात यही तो थी कि वह ऐसी टुच्ची चीज़ की खातिर इतनी तपस्या क्यों कर रहा है। नकटेपन की भी कोई हद है! खैर, दो-एक सयाने ज़रूर दबी जुबान से कहते पाये जाते थे कि "बाप की याद सता रही है। उसे बाप की गद्दी चाहिए। चाहे जिस भी कीमत पर"। चलिए साहब, माना कि परमेश्वरी आशा की दूकान चाहता है और वहाँ अपने लड़के को बिठाना चाहता है। मगर लड़के को बिठाके किस चीज़ की दूकान खोलेगा इस बारे में अटकलें लगाते-लगाते लोग बेजा परेशान थे। कोई कहता था, फैन्सी गुड्स की दूकान खोलेगा—सीधे नेपाल से माल लायेगा। कोई कहता विलायती शराब की दूकान खोलेगा—उसमें चाँदी ही चाँदी है। कोई कहता बन्दूक-रायफल बेचेगा तो कोई कहता देखना प्रेस लगायेगा। आधे लोग अब भी इसी उम्मीद में गिरफ्तार थे कि देखना गड़ा खजाना एक दिन निकलेगा और धमाका ज़रूर होगा। मगर बुजुर्गों की राय दूसरी थी। वे साफ़-साफ़ कहते थे कि अरे, हो गया धमाका जितना होना था। अब उसके पास रखा क्या है? रखा होता तो ऐसी दलिद्दरी हालत होती उसकी! बहुत हुआ तो चाय-पानी का होटल चलाएगा और पान-बीड़ी भी रख लेगा। अरे, झूठी शान आदमी आखिर कितने दिन चला सकता है? आयेगा तो आखिरकार अपनी ही औकात में! जवानी ज़ोर मार रही थी तो दुनिया-जहान एक करता फिरा। अब बुढ़ापा सामने दिखने लगा और नसें ढीली पड़ने लगीं तो सारी अकड़ हवा हो गयी। याद नहीं कैसे अपने बाप को रुला के गया था। अब उसी के नाम को रो रहा है। उसी की माला जप रहा है। बाप नहीं, तो बाप की परछाईं ही सही। याद नहीं कैसी घुटती थी? बाप से दुश्मनी थी तो उसके दोस्त से भी दुश्मनी निभानी थी। अब बाप तो मिलने से रहा। सो इसी कोढ़ी को ही गले लगा रहा है। क्यों नहीं लगायेगा! लड़के को ठिकाने लगाना है कि नहीं? औरत का क्या ठिकाना। जाने कहाँ की है! कौन जात है। टिकने वाली भी है कि नहीं? जाने कहाँ से उड़ा लाया है। अपने करम याद आ रहे होंगे और क्या? मन ही मन डर रहा होगा कि कहीं उसी की तरह उसकी औलाद भी एक दिन उड़न-छू न हो जाये। सो लड़के को बाँध रखने को उसे एक खूँटा चाहिए खूँटा। आशा की

दूकान आखिर थी तो इसी के बाप की। बाप अपने हाथ से नहीं देता, तो भी क़ब्जा आशा का ही होता। तुम देखना आशा इसे कैसे चराता है। पूरी ख़िदमत भी करवा लेगा और दूकान आखिरकार अपने भतीजों के ही नाम करके मरेगा। आखिर आशा इसका लगता क्या है!

बुजुर्गों की बात थोड़ी कड़वी भले लगे, पर एकदम गलत भी उन्हें कैसे माना जाये? आशा थे तो परदेशी ही। फ़कत पचास साल पहले ही तो उनके बाप हमारे क़स्बे और मुहल्ले में दाखिल हुए थे। सुना वे पान का धन्धा करते थे और खूब करते थे। सुना उनके आने से पहले हमारे क़स्बे में पान का चलन ही नहीं था। आशा भी पहले वही करते थे फिर जाने किसके कहने पर वह जमा-जमाया कारबार छोड़के मिठाई बनाने लगे। कहाँ पान और कहाँ मिठाई। कोई तुक है? और वह भी लोहा बाज़ार में, जहाँ मिठाइयों के लिए कहीं से कोई गुंजाइश नहीं थी। हलवाई सारे मंगलवारा में बसते थे और जिसे मिठाई खरीदनी होती थी, वह वहीं जाता था। मगर आशा तो आशा ही थे। पान की इल्लत कौन पाले जब मिठाई का हुनर पास में हो। एक ही काम करते-करते आदमी ऊबेगा कि नहीं? जब देखा कि उनकी मिठाइयाँ सिवा एक मक्खियों के और किसी को पसन्द ही नहीं आ रही हैं तो उन्होंने पैंतरा बदला और सिर्फ़ जलेबियों पर उतर आये। 'आशा की मशहूर जलेबी' उतनी मशहूर तो खैर नहीं हुई पर एक मुहल्ले को तो कम से कम उसकी चाट लगा ही दी थी उन्होंने। खुद ही कहा करते थे कि हींग लगे न फिटकरी, और रंग एकदम चोखा। शाम के चार बजे नहीं कि दूकान पर भीड़ लग जाती और देखते ही देखते सारा माल साफ़। तीन परात जलेबी छनती थी और उतनी मुहल्ले की माँग को देखते हुए काफी थी। ग्राहकों में भी सबसे ज़्यादा तादाद बच्चों की होती जो इकन्नी-दुअन्नी लेके आते। और सयाने ग्राहक भी ज़्यादातर चवन्नी या हद से हद अठन्नी छाप ही होते। नोट-वोट की तो नौबत ही नहीं आती। कुल दो घण्टे का खेल था। इससे ज़्यादा झंझट दूकानदारी का आशा—सच पूछिये तो—पाल भी कैसे सकते थे। आखिर दूकानदारी के अलावा भी तो उन्हें ढेरों काम रहते थे। अरे, रासलीला है, नौटंकी है, होली के स्वाँग हैं, सब उन्हीं की जिम्मेदारी है—उन्हीं के पाले और बढ़ाये हुए शौक हैं। फिर शादी-ब्याह के मौकों पर गाजे-बाजे से लगाके आतिशबाजी तक जो भी काम होने हैं, उन्हीं की निगरानी चाहिए—कोई बुलाए, चाहे न बुलाए। क़स्बे में चाहे जिसे भी बुलावा आ जाये, भले ही आधी रात का वक्त हो, और मूसलाधार बारिश पड़ रही हो, बिना उनके कन्धा दिये कोई मरघट कैसे पहुँच जायेगा? गरज यह कि काम ही काम है—क्या किया जाये! फिर ससुरा क़स्बा है कि क्या है! आये दिन कुछ न कुछ बखेड़ा खड़ा हो ही जाता है जैसे इसी के लिए अखाड़ा खोला हो। जाने कितनी बार ऐसी नौबत आई है कि जलेबी बनाते-बनाते ही मुहल्ले से किसी कोने से वाक्‌युद्ध की आहट मिली और जब तक उसे द्वन्द्वयुद्ध के कगार पर ठण्डा करके जैसे-तैसे भगतजी वापस लौटे हैं तब तक भट्‌ठी राख हो गयी है और पूरी परात साफ़।

आशा जलेबियाँ भले ही छानते रहे हों जैसे कि भाँग भी कभी-कभार छानते ही थे—उन्हें हलवाई कहने की जुर्रत कोई नहीं कर सकता था। पनवाड़ी कहे जाने से उन्हें खास एतराज नहीं था क्योंकि वह पुश्तैनी धन्धा था। मगर खुद उनकी इच्छा थी कि लोग या तो उन्हें पहलवान कहें या भगतजी। क्या ही गठा हुआ बदन था उनका—जो उनका खुद का कमाया हुआ था। सुग्गनबाड़ी के छोटे से मैदान में वे सुबह-सुबह कसरत करना सिखाते थे और कुश्ती के दाँवपेंच भी। उनहें अगर मलाल था तो सिर्फ इतना ही, कि बीस साल हो गये अखाड़ा चलाते-चलाते और उन्हें चित्त कर सके, ऐसा एक भी शागिर्द वे पैदा नहीं कर पाये..."एक दो दाँव-पेंच सीख के ही साले अपने को रुस्तमे-हिन्द समझने लगते हैं। और फिर पलट के मुँह भी नहीं दिखाते। ऐसे भी कहीं ज़ोर होता है! अरे, बजरंगबली की दुआ चाहिए। नियम-संयम चाहिए, तब कहीं ज़ोर समझ में आता है।...जब लँगोट में ही छेद हो तो छाती में ज़ोर कहाँ से आयेगा।...तभी तो मैं असली दाँवपेंच किसी को बताता नहीं। बताऊँ किसे?...कोई धुनी, लँगोट का पक्का दिखे, तब न?"

बस यहीं आशा जरा ज्यादती कर जाते थे। उन्हें अपने लँगोट के पक्के होने का ज़रूरत से ज़्यादा भरोसा था, या कहिए अहंकार था और अपने धुनी होने का भी। धुनी तो वे खैर थे ही, पर सबको अपने जैसा ही धुनी बनाना चाहते थे और जहाँ कमज़ोरी सामने आयी कि धुनाई शुरू कर देते थे। थे भी बड़े मुँहफट। खुद तो बक-बका के फौरन भूल जाते थे मगर सुनने वाले तो याद रखते ही थे। ऐब यूँ उनमें कोई था नहीं, हुनर के पक्के, और बिना बुलाए 'यत्र-तत्र-सर्वत्र' दीखने की कुछ ऐसी सिद्धि उन्हें प्राप्त थी कि लोग उनसे काम भी करवा लेते थे और बदले में किसी अहसान या प्रत्युपकार जैसी असुविधाजनक चीज़ों से भी मुक्त रहते थे। उन्हें गाने का बड़ा शौक था हालाँकि इस शौक और उनके स्वर-ज्ञान के बीच ऐसा उल्टा समानुपात फँसा हुआ था कि उसकी जानकारी एक उन्हें छोड़ के और सभी को तुरन्त हो जाती थी। तिस पर भावावेश में आके वे सिर्फ़ गले से ही नहीं, पूरे शरीर से गाने पर उतारू हो जाते थे और कभी-कभी तो खड़े होके नाचना भी शुरू कर देते थे। दसियों गाने और होलियाँ उन्होंने सुन-सुना के ही जमा रखी थीं। पर दो चीज़ें ऐसी थीं जो उनके सिर पर चढ़के बोलती थीं और उन्हें गाते-गाते यह लगभग तै होता था कि वे पूरा नहीं गा सकेंगे—बीच में ही रोने लगेंगे। एक तो वही...'ऊधौ मोहि ब्रज बिसरत नाहीं' और दूसरा वह 'हो रसिया मैं तो शरण तिहारी...।' जाहिर है कि ऐसे आदमी से महफिलों में गाने की फ़रमाइश करना जितना अटपटा था, फरमाइश न करना भी उतना ही मुश्किल। गाते वे सिर्फ़ दसेक ही मिनट थे। पर शुरू होने के दूसरे मिनट में तबला और चौथे मिनट में हारमोनियम उनका साथ दे पाने में अक्षम सिद्ध हो जाते थे। बस एक बनारसी गुरु का मंजीरा ही अन्त तक किसी तरह खड़खड़ाता रहता था। मज़े की बात यह थी कि स्वयं गायक

को इसका पता नहीं चलता था। वे जब गाना शुरू करते थे तो पहले घड़ी पर निगाह डालते थे और फिर आँखों के साथ-साथ एक कान भी मूँद लेते थे। जब आखिरी पंक्ति पर आते थे तभी आँखें खोलते थे और घड़ी में दस मिनट लगे, यह देखकर इतने मगन हो जाते थे कि खुद ही वाह वाह कर उठते थे। गनीमत थी कि पूरे समय उनकी आँखें बन्द रहती थीं। अगर खुदा न खास्ता, बीच में ही कभी वे खुल पड़तीं तो अपने श्रोताओं को देखके उनके गायक को ज़्यादा प्रेरणा मिलती या पहलवान को, कहना मुश्किल है। इतना ज़रूर था कि उनकी ज़िन्दादिली और सामाजिक महत्त्व को मद्देनज़र रखते हुए लोग उन्हें यह छोटा-सा सन्तोष—गवैया होने का सन्तोष—खुशी-खुशी बख्श देते थे। मानकर चलते थे कि जब आशा महफिल में आ ही गये हैं तो बिना अपना ज़ौहर दिखाये जायेंगे नहीं। कितनी खुशामद करनी पड़ती थी उनकी! और काफी नखरेबाजी के बाद ही आशा अपना गला खँखारना शुरू करते थे। अगर कभी ग़लती से भी लोग उन्हें पूछना भूल जायँ तो आशा भगत बीच महफिल में से उठके वाक आउट कर जाते थे। हालाँकि हम लड़कों के लिए उन्हें मना-मुनू के फिर से वापस घसीट लाना भी कोई खास भारी नहीं पड़ता था। बस एक ही बात लोगों को खटकती थी और वह यह, कि अपनी गवास निबटा लेने के बाद वे चुपके से खिसक जाते थे।

आशा निःसन्तान थे और विधुर भी। दूसरी शादी के लिए सुना, तैयार होके भी वे ऐन मौके पर बिदक गये थे। गिरस्ती उन्हें जंजाल लगती थी और बगैर जंजाल वाली मोहनी-माया के लिए कस्बे के रसिक-सम्प्रदाय में कोई खास गुंजाइश नहीं थी। क्या इसीलिए आशा बजरंगबली के भक्त थे? आँधी हो, तूफान-ओले गिर रहे हों या मूसलाधार बारिश, वे हनुमान मन्दिर की आरती में शामिल न हों, यह हो नहीं सकता था। वे रोज़ नियम से अपने इष्टदेव को पाँच लड्डू चढ़ाते थे और पक्के साढ़े चार लड्डुओं का प्रसाद वसूल करके रास्ते भर बाँटते जाते थे। उनके दो भतीजे उनके साथ रहते थे जो अखाड़ा चलाने में उनकी मदद करते थे और दूकान में भी थोड़ा-बहुत हाथ बँटाते थे। बदकिस्मती देखिए कि दोनों भतीजे पढ़ाई में तेज़ निकल गये और पढ़-पढ़ाके चलते बने। आशा अकेले रह गये। उनके जोड़ों में दर्द होने लगा तो अखाड़ा भी कुछ दिन लस्टम-पस्टम शागिर्दों के भरोसे चलके बन्द हो गया। दूकान तो खैर, मुहल्ले वालों की मदद से बदस्तूर चलती रही और जलेबियों में भी कोई कसर नहीं आयी। मगर इसी बीच एक ऐसा गुल खिला जिससे मुहल्ले वालों को हैरत में डाल दिया। आशा भगत मुहल्ले के दो-चार रसिकों के साथ एक गाँव में नाच देखने गये और लौटके नहीं आये। लौटे हुओं की जबानी मालूम पड़ा कि आशा उस नाचने वाली डोमनी पर जी-जान से फिदा हो गये हैं और अब उसी के साथ रहेंगे। यह भी कहलवाए हैं कि...''अब जब भी लौटके आयेंगे अपनी मोहनिया को साथ लेके ही आयेंगे।''....

यह एक चुनौती थी—खुली चुनौती—जिससे निबटने को पूरा मुहल्ला कमर कस के तैयार बैठा था...''आने दो साले को और उस मोहनिया की बच्ची को। देखते हैं कैसे इस मुहल्ले में घुसता है। मार-मार के भुरता निकाल देंगे साले का—उसने समझ क्या रखा है। शरीफों के मुहल्ले में चकला चलाएगा। अरे बेशर्मी तो देखो ज़रा। रण्डी लेकर आयेगा और हम उसकी आरती उतारेंगे। वाह रे भगत! हम तो पहले ही कहते न थे कि...'मुँह लगाये डोमनी नाचे ताल-बेताल'...अब अच्छा हुआ? और घुसाओ उसे अपने घरों में। और चढ़ाओ सिर पै। हम तो देख ही रहे थे इसके लच्छन शुरू से ही।''...

खुद आशा की अन्तरंग मण्डली भी आशा से खार खाये बैठी थी। कोई सलाह-मशविरा नहीं, कुछ नहीं, बस फैसला करके चल दिया। बड़ा ब्रह्मचारी बनता था। हमें उपदेश पै उपदेश पिलाता था। और जरा-सी में फिसल गया। पहले दाँव में ही चित्त हो गया। चलो हो गया सो हो गया लार टपक पड़ी तो टपक पड़ी। मगर लोकलाज भी कुछ होती है कि नहीं? एक तो मियाँ बावरे, तापर खायी भाँग। अब बड़े मजनूँ बने बैठे हैं। उसे घर में बिठायेंगे। हद हो गयी।

पूरा मुहल्ला कोई महीने भर तक दम साधे इन्तज़ार करता रहा कि कब आशा-मोहनिया दीखें और कब मुहल्ले की सरहद पर ही उनकी ठुकाई करके उन्हें वापस खदेड़ दिया जाय। मगर अफसोस, कि इस सनसनी की नौबत ही नहीं आयी। मोहनिया ने ही आशा को लूट-लाट के महीने भर बाद चलता कर दिया। अपना सा मुँह लेके बेचारे एक दिन मुँह-अँधेरे अपने दड़बे में दाखिल हो गये। मगर जैसे ही उन्हें पता चला मुहल्ले वालों ने उनके स्वागत की कैसी-कैसी तैयारियाँ कर रखी थीं, वे नथुने फड़काते हुए बीच बाज़ार से लाठी लेके खड़े हो गये और ज़ोर-ज़ोर से ललकारने लगे—''चलो आओ रे आओ आशा की ठुकाई करने वालो! दड़बों में घुस के क्यों बैठे हो? दिखाओ अपनी बहादुरी। अब निकलते क्यों नहीं हरामियो! अरे बाहर तो निकलो जरा।''

मगर किसमें हिम्मत थी जो इस ललकार को कबूल करता। बक-बका के आशा वापस दड़बे में घुस गये। मगर मुहल्ले वालों का अपना ढंग था बदला लेने का, जिसकी आशा पहलवान के पास कोई काट नहीं थी। कुश्ती के दाँवपेंच यहाँ बिल्कुल ही बेकार साबित होते थे। तिस पर बीमारी ने उन्हें धर दबोचा। वैसे भी, बीमारी से ज़्यादा जो अन्दरूनी चोट उन्हें लगी थी उसका क्या इलाज था? भतीजों को बुलाया तो उन्होंने भी साफ मना कर दिया। कहा वहाँ क्या रखा है तुम्हारा? यहीं क्यों नहीं आ जाते? पर सारी मलामत के बावजूद आशा शहर छोड़ के नहीं जाना चाहते थे। जिस सहज भाव से वे हमारे लिए खिलौने बनाते थे, मुफ्त जलेबियाँ बाँटते थे और ज़ोर करना सिखाते थे, उसी सहज भाव से वे हमें अपने जोड़ों पर मालिश करने को या दवाई ले आ देने को या और भी कोई छोटा-मोटा काम कर

देने को कह देते थे। मगर धीरे-धीरे पता नहीं कैसे, हम लड़के भी उनसे कतराने लगे..."ख़बरदार, उस शराबी-कबाबी के यहाँ कदम रखा तो...।" एक तो उनकी साख वैसे ही काफी गिर चुकी थी, तिस पर यह जो नयी-नयी शराब की लत उन्हें लग गयी—शराब पीके जहाँ-तहाँ चिल्लाने और अनाप-शनाप गालियाँ बकने की,—उसने उनका रहा-सहा भरम भी मिटा दिया था। यह नहीं, कि मुहल्ले में और कोई शराब पीता ही न हो। यह भी नहीं कि और किसी का कभी कोई लफड़ा ही न हुआ हो। मगर आशा की बात और थी। आशा अन्ततः आशा भगत थे और कस्बे के जनमानस में उनकी एक मूर्ति प्रतिष्ठित हो चुकी थी—बजरंगबली के भगत के रूप में, लँगोटी के पक्के एक पहलवान के रूप में, निःस्वार्थ जनसेवक और अक्खड़ आदर्शवादी के रूप में। अब यह उनका कर्त्तव्य हो जाता था कि वे उस मूर्त्ति को कहीं से भी खण्डित न होने दें। खण्डित मूर्ति का भला उपयोग ही क्या? उसकी जगह तो घूरे में ही है। मुहल्ला दूसरों को बख़्श दे तो बख़्श दे, आशा भगत को कैसे बख़्शे? उस आशा को, जो बजरंगबली के भक्त थे और जिनकी बीमारी के बारे में लोग तरह-तरह अटकलें लगाने लगे थे।

उस बीमारी के बारे में मुझे परमेश्वरी भी कुछ नहीं बताते। मैंने पूछा भी, तो टाल जाते हैं। खुद आशा हमको गठियावात बताते थे और जोड़ों पै मालिश करवाते थे। चौबीस घण्टे पवनपुत्र की तरह निर्द्वन्द्व विचरने वाले आशा के लिए यह बीमारी किसी वज्रपात से कम क्या रही होगी। वैसे भी अब वे न तो होली में स्वाँग कर सकते थे, न आतिशबाजी का इन्तज़ाम कर सकते थे और न अपनी गाँठ से किसी की मदद कर सकते थे। मुहल्ले के कुछ लोगों का तो यही कहना है कि वे चोरी-छुपे आशा की ख़बर लेते ही थे और वह अघोषित सामाजिक बहिष्कार तो एक तरीका था उन्हें सुधारने का। अगर उनकी बात सही है तो कहना पड़ेगा कि इसका असर तो ज़रूर हुआ मगर ठीक उल्टा।

कैसे-कैसे स्वाँग किये मैंने—कैसी-कैसी लीला दिखायी। तब तो किसी ने नहीं टोका। तब तो सब मज़ा लेते थे। अब क्यों नानी मरी जा रही है? कैसी-कैसी गालियाँ सुनायी हैं सालों को मैंने नशे में धुत्त होके। और, इसी उम्मीद में कि कोई तो साला अपनी माँ का लड़का सामने आके मुझे एक चाँटा मारेगा। किसी को नहीं पड़ी कि मैं बीच बाज़ार में गिरा हूँ कि नाली में पड़ा हूँ। हिम्मत ही नहीं सालों को—बेहोश हालत में भी समझते हैं मैं कहीं उनकी गरदन मरोड़ के न रख दूँ। लुच्चे साले! आया था एक बड़ी दया दिखाने। कैसे लगा उस रण्डी में तुमने क्या देखा? मन में तो आया कहूँ तेरी माँ देखी। पर कुछ नहीं बोला। चुपचाप उसे उठाके दूकान के बाहर फेंक दिया। अरे तुमने मुझे जब अपने दिल से ही बाहर फेंक दिया तो मैं क्या तुम्हें अपनी दूकान से बाहर नहीं फेंक सकता? इतनी कुब्बत अभी मुझमें है। अभी मैं मरा नहीं, ज़िन्दा हूँ।"...

नहीं मिली। मुहल्ले की आक्रामक आत्मीयता भी आशा को नहीं मिली। और वक्त गुज़रने के साथ-साथ आशा का आक्रोश भी मुहल्ले की दीवाल से टकराते-टकराते चुक गया। उन्हें लगने लगा अब उनकी चला-चली की बेला आ गयी। तो क्या ये मुहल्ले वाले उनकी मिट्टी उठायेंगे? नहीं नहीं। वे ऐसा कभी नहीं होने देंगे।

अब जाकर पहली बार आशा भगत को इलहाम हुआ कि यह तो बिदेस है और उन्हें बिदेस में नहीं मरना चाहिए। स्वदेश में जाके मरना चाहिए। स्वदेश, यानी नजीबाबाद, जहाँ वे पिछले सालों में एक बार भी नहीं गये हैं। जिसे उन्होंने दस बरस की उम्र में छोड़ दिया था जब उनका बाप उन्हें लेके इस शहर में आया था। बाप भी यहीं मरा था और सब कुछ ठीक-ठीक रहता तो वे भी यहीं मरते। पर यहाँ मर के वे अपनी मिट्टी पलीत करवायें? उन्होंने नजीबाबाद जाने का फैसला किया।

और तभी, ठीक इसी फैसले की नौक पर परमेश्वरी का आविर्भाव हुआ। परमेश्वरी ने आशा के भीतर गड़े काँटे को देखा और समझ गया कि उसे क्या करना है। परमेश्वरी के मन में भी शायद ऐसा ही, या इससे मिलता-जुलता काँटा गड़ा हुआ था। आखिर उसी काँटे की चुभन ने तो उसे यायावर बनाया था। पर वह आशाराम नहीं था, परमेश्वरी था। उसे स्वाँग की ज़रूरत नहीं थी। उसने भी समझ लिया था कि उसका आतंक धीरे-धीरे झड़ रहा है। इससे पहले कि लोग उसे भूल जायें—लोगों के दिलों पर उसकी कामरूप आज़ाद हस्ती की छाप धुँधली पड़ जाये, उसे कुछ तो करना ही था। उसका खुद का लड़का आवारा हुआ जा रहा था और उसमें परमेश्वरी को कहीं से भी वह कुब्बत नज़र नहीं आ रही थी कि जो उसके बाद भी उसके करिश्मे का सिलसिला बनाये रख सके। ज़माना बदल गया था। परमेश्वरी को भी अब स्वदेश लौट जाने में ही अपनी कुशल दिखायी दी।

शायद परमेश्वरी ने भी, जहाँ वह उस वक्त था, वहीं से अपनी रणनीति तय कर ली हो। लगता है वह वहीं से घर-घराट की सारी ख़बर रखता होगा। एक आशा ही तो था जिससे वह अपनी तरह और अपनी शर्तों पर जुड़ सकता था। फिर आशा की दूकान किसी ज़माने में उसी के बाप की दूकान थी और बड़े मौके की दूकान थी। वहीं से तो यह शहर का सबसे शानदार मुहल्ला शुरू होता था। या यों कहें कि वहीं पर तो मुहल्ला खत्म होता था। मुहल्ले की सरहद पर ठुँकी उस दूकान का अपना एक अलग ही—बेहद दिलचस्प इतिहास था। परमेश्वरी जिसने कभी पीछे मुड़कर नहीं देखा था, अब बार-बार उसी इतिहास को याद कर रहा था और उसी में से नया अवतार लेने के मंसूबे गाँठ रहा था।

अब शुरू हुआ आशा और परमेश्वरी का वह महान् प्रदीर्घ द्वन्द्व, जिसकी कल्पना मुहल्ले वालों को तो क्या, खुद परमेश्वरी को भी नहीं रही होगी। जैसा कि मैं आपको बता चुका हूँ, आशा ज़ोर के दाँवपेंचों में सिद्धहस्त थे और उन्हें इसका सख़्त मलाल था कि उन्हें पटखनी खिला सके, ऐसा एक भी शागिर्द वे पच्चीस साल

तक खटते-खटते भी नहीं पैदा कर सके। और तो और, उनके असली दाँवपेंच भी जिसको सिखा सकें, ऐसा एक भी धुनी सुपात्र उन्हें पूरे कस्बे में नज़र नहीं आता था। मगर मेरा ख्याल है कि आशा की ये दोनों ही हसरतें, कुछ तो उनकी मोहनिया ने, कुछ उनकी बीमारी ने और रही-सही परमेश्वरी ने पूरी कर ही दी होंगी। विडम्बना तो देखिए—वही परमेश्वरी, जिसने कभी भूल के भी उनके अखाड़े में कदम नहीं रखा होगा और जिसकी खुद भी उन्होंने कभी परवाह नहीं की थी, उसी परमेश्वरी के आज वे सौ-फीसदी मोहताज बने हुए थे।

मगर रुकिये, आशा जितने परमेश्वरी के मोहताज थे, क्या उतने ही परमेश्वरी भी आशा के मोहताज नहीं बन गये थे? कम से कम खुद परमेश्वरी की बातों से तो मुझे ऐसा ही लगा था। आखिर परमेश्वरी अब चारों धाम एक करने वाले दिग्विजयी तो रह नहीं गये थे। अब तो वे एक शरणार्थी थे—अपने ही घर में शरणार्थी। आशा कब्ज़ा छोड़ें तो परमेश्वरी को जमने की ठौर मिले।

मगर आशा को अपने महत्त्व का इस गिरी-पड़ी हालत में भी सही-सही अनुमान था। यह तो सभी को पता था कि आशा अपने को किसी से कम नहीं समझते हैं। एक बजरंगबली को छोड़कर और सभी उन्हें अपने सामने बौने नज़र आते थे। मगर कहते हैं जब अच्छा घोड़ा बिगड़ जाता है, तो वह खासा खतरनाक हो जाता है। यह भी आपने सुना ही होगा कि जो सबसे कोमल और निष्पाप फूल होता है, उसी में सबसे पहले कीड़े पड़ते हैं। आशा दो-दो चोट खा चुके थे—एक तो वह गुम चोट जो मोहनिया ने उन्हें लगाई थी और एक वो, जो मुहल्ले वालों की कृपा से उन्हें मिली थी। पहली चोट से वे शायद सँभल भी जाते, पचा भी जाते उसे। मगर यह दूसरी चोट असह्य थी। इसका कोई इलाज़ नहीं था। तो परमेश्वरी का आविर्भाव ऐसे वक्त पर हुआ जब इन दोनों चोटों की बदौलत आशा के भीतर तेजाब ही तेजाब भर गया था, तल्खी ही तल्खी भर गयी थी...उन्होंने जब देखा कि परमेश्वरी की करुणा भी आखिर एकदम बेगरज़ नहीं है, उन्होंने मौका ताड़ा और पूरा ज़ोर लगाके उसे निचोड़ना शुरू कर दिया।

"पहले तो साले को दिन में एक पव्वा ही काफी होता था। अब हरामी के पिल्ले को दो-दो, तीन-तीन अद्धे भी कम पड़ने लगे। मेरी भी मति ऐसी भ्रष्ट हुई कि क्या बताऊँ? सारी कमाई उसके हलक में उँड़ेलने लगा। अक्सर रात को जब वह तीसरा अद्धा खत्म करके बिस्तर में गिरता था मुझे यही लगता था कि पता नहीं अब ये कल की सुबह भी देखता है कि नहीं। मगर मेरे उठने से पहले ही वो उठ जाता था और चाय-चाय चिल्लाना शुरू कर देता था। चाय भी साले को बिस्तर पै ही देनी पड़ती थी। चाय खत्म हुई नहीं कि साला मुस्कराने लगता था।..."बेटा बजरंग। थोड़ी बची है क्या एकाध घूँट? देख तो जरा।" रोज़ शाम को साले को पीठ पै लाद के मन्दिर ले जाना होता था। वहाँ भी वही थिएटर साले का! सिर पटक-पटक

के रोता था—"अब काहे को जिला रहा है बजरंगबली। मेरी इत्ती-सी दुआ भी कबूल नहीं करेगा? मुझे बुला क्यों नहीं लेता स्वामी! अब कौन-सी फजीहत बाकी रह गयी है? मेरी छुट्टी क्यों नहीं कर देता?"...मगर बजरंगबली को क्या पड़ी थी जो उस हलकट की मिन्नत मानते और मेरी छुट्टी करते।

"मगर परमेश्वरी चचा!"—मैंने बीच में ही उन्हें टोका—"वह तो वापस नजीबाबाद जाना चाहता था न? क्या आपके आने से उसका दिमाग पलट गया?"

"भगवान जाने"—परमेश्वरी चचा ने बीड़ी का ठुड्डा खिड़की से बाहर फेंकते हुए कहा—"साला जाने किस जनम की दुश्मनी निकाल रहा था। कुछ नहीं तो कम से कम दस बार सामान बाँधा होगा। ऐन मौके पर अकड़ जाता था।..."छोड़ यार परमेश्वरी, ये मुहूर्त अच्छा नहीं है। फिर कभी जायेंगे....।" वह मुहूर्त फिर कभी आता नहीं था। पता नहीं उस अभागे का यहाँ रखा क्या था? आँतें सड़ गयी थीं। कभी-कभी मन में आता था करगेती कम्पाउण्डर से मिल-मिला के जहर की सुई दिलवा दूँ। इस कदर तड़पता था मेरे सामने—मुझसे देखा नहीं जाता था। हर दस-पाँच दिन में उसे लहर आती और कहता..."बस आज दूकान तेरे नाम पै लिख ही देता हूँ मेरी जान! बस तू मेरी मिट्टी उठवा देना। तू और तेरा लड़का। बस। किसी तीसरे ने हाथ भी लगाया तो देखना मैं अरथी में से हाथ बढ़ाके उसका गला टीप के धर दूँगा—समझे?" ...और जब तक मैं वकील बुलाके लाता तब तक साले का दिमाग फिर से पलटा खा चुका होता। किस कदर तड़पाया मुझे उस अभागे ने—मेरी ही आत्मा जानती है। कुछ नहीं तो बारह हज़ार के फेर में डाल दिया होगा मुझे।

"मगर...परमेसरी चचा!"...मैंने डरते-डरते पूछा—"बारह हज़ार रुपये उसके पीछे बरबाद करने की आपको ऐसी क्या पड़ी थी? इतने में तो आप कहीं और कोई भी दूकान ले सकते थे।"

परमेसरी चचा चुपचाप बीड़ी सुलगाते रहे। पर बीड़ी थी कि सुलगने में ही नहीं आ रही थी। बीड़ी समेट बुझी तीलियाँ खिड़की से बाहर फेंकते हुए बोले—"अब यह मैं तुझे कैसे समझाऊँ? तू नहीं समझ सकता। मुहल्ले के लोग मुझसे बेहतर जानते होंगे। उन्हीं से क्यों नहीं पूछता! वे तुझे बतायेंगे वो क्या है "विनाश काले विपरीत बुद्धि।" है ना? ऐसे ही हुआ होगा। मैं कुछ नहीं जानता। मैं किसी को नहीं समझा सकता। और मुझे ज़रूरत क्या पड़ी है किसी को समझाने की?"...परमेश्वरी चचा का चेहरा तमतमा आया।

"मगर आखिर वह मरा तो नजीबाबाद जाके ही ना? सुना, आप ही तो ले गये थे उसे?"

परमेश्वरी चचा एकदम चौंक से पड़े। फिर इशारे से मुझे अपने साथ ऊपर अपनी बैठक में लिवा ले गये। दरवाज़ा भेड़कर मुझे पास बिठाते हुए बोले—"तू किसी से कुछ कहेगा तो नहीं? ऐसा है, दूकान में पच्चीस तरह के लोग आते रहते हैं।..."

"विद्याकसम"—मेरे मुँह से निकला..., "मुझे क्या पड़ी है।"...मगर परमेश्वरी चचा का चेहरा मुझे एकाएक डरावना लगने लगा और मेरा मन किया मैं भाग निकलूँ और कभी इस तरह न आऊँ।

"देख ऐसा है बिज्जू बेटा"—परमेश्वरी चचा फुसफुसाए—"अभी तक ये बात मैंने किसी को नहीं बतायी। अपने लड़के को भी नहीं। हो सकता है इसे सुनके तू भी मुझसे नफरत करने लगे। कर लेना। आखिर किसी को तो सच बात बतानी ही चाहिए। तू ही सही। तो सुन। आशा को मैं नजीबाबाद ले तो ज़रूर गया था। पर वह वहाँ नहीं मरा। आशा हरिद्वार में जाके मरा। मतलब, मैं उसे हरिद्वार पहुँचा के आ गया...।"

"ऐं"—मेरे मुँह से चीख निकलते-निकलते बची। "तो क्या?..."

परमेश्वरी चचा का चेहरा अजीब तरह से ऐंठ गया, "तू तो यही समझ रहा होगा ना, कि मैंने ही उसे मार डाला।"

"नहीं-नहीं, परमेश्वरी चचा! आप कैसी बात कर रहे हैं?" मेरा गला सूख रहा था। "सच्ची बात हर किसी को बताने की नहीं होती।"...परमेश्वरी चचा की आवाज़ में एक अज़ीब तरह की घरघराहट थी। "सच्ची बात कौन सुनना चाहता है? पर मैं तेरे को बताना चाहता हूँ। वह न तो मरना चाहता था, न स्वदेश जाना चाहता था। वह चाहता क्या था, यह न उसे मालूम था, न मुझे। वह एक ज़िन्दा प्रेत था। उसके ज़िन्दा रहने की कोई वजह नहीं थी फिर भी वह ज़िन्दा था और जैसे उसे इच्छामृत्यु का वरदान मिला हुआ हो, इस तरह वह मुझसे जूझ रहा था। उसकी मुहल्ले वालों से क्या दुश्मनी थी—उसकी असल दुश्मनी तो जैसे मुझी से थी। जैसे वह मेरे ही आने की आस में अटका हुआ था और जैसे ही मैं उसके पास आया, उसने मुहल्ले वालों की बेरुखी का बदला मुझसे चुकाना शुरू कर दिया। उसे बहुत तकलीफ होती थी पर तीसरे अद्धे के बाद उसकी आँखें चमकने लगती थीं—वह एकदम चुस्त-दुरुस्त नज़र आने लगता था और मुझसे कहता था—"परमेश्वरी, मुझे मेरे पाँवों पै खड़ा कर दे—मैं नाचूँगा परमेश्वरी—तूने मेरा नाच ही नहीं देखा तो क्या देखा तूने?" फिर वह गाना शुरू कर देता था..."ऊधौ मोहि ब्रज बिसरत नाहीं"...और तब तक गाता रहता था जब तक निढाल होकर गिर न जाये। होश में आने पर वह फिर शराब माँगता था। मैं पूरा अद्धा उसके हलक में उँड़ेल देता था और वह एक अच्छे बच्चे की तरह सो जाता था।"

"फिर?...वह नजीबाबाद जाने को कैसे तैयार हो गया?"—मैंने पूछा।

परमेश्वरी चचा इस विघ्न के लिए तैयार नहीं थे। चिड़चिड़ाकर बोले—"क्या नजीबाबाद, नजीबाबाद चिल्लाए जा रहे हो? मैंने तुमसे कहा नहीं कि..."

"चलिए हरिद्वार ही सही"—मैंने कहा।

"नहीं!" परमेश्वरी चचा ने मुझे डपट दिया। "मैं ले तो उसे नजीबाबाद ही गया था। मगर नजीबाबाद पहुँचे तो साला प्लेटफार्म पर ही लमलेट हो गया। बोला—"मुझे नहीं जाणा।" मैंने आव देखा न ताव, कसके एक झापड़ रसीद कर दिया। कैसी-कैसी गालियाँ उसकी खायी थीं मैंने महीनों। कभी चूँ भी नहीं किया था। मुझे खुद ही हैरत होती थी कि मुझे हो क्या गया है। जब वह हनुमान जी की देहरी पर माथा फोड़ के रोता था तो मुझे लगता था यह आशा नहीं, मैं खुद अपना माथा फोड़ रहा हूँ अपनी मौत माँग रहा हूँ। उसकी ज़िन्दगी मेरी ज़िन्दगी है, उसकी मौत मेरी मौत है। मैं तो जैसे एक मशीन हो गया था। कभी कभी तो बिल्कुल ही भूल जाता था मैं क्यों उसकी खिदमत में लगा हूँ। उन छै महीनों में जाने कितनी बार मैं जन्मा और कितनी बार मरा। न मुझे घिन लगती थी, न गुस्सा आता था—बस, यही लगता था कि ये साला मर गया तो मैं करूँगा क्या?

उस दिन उसे जाने क्या हुआ—मेरे कन्धे पै चढ़ते ही बोला—"बस बेटा परमेश्वरी, अपना परवाना आ गया। महावीरजी ने आखिर बोल ही दिया मुझसे, कि "तू यह शहर फौरन छोड़ और अपने मुलुक सिधार। वहीं तेरी सद्गति होगी।"

मैं चुप रहा। ऐसे लटके वह एक-दो बार पहले भी मुझ पै आजमा चुका था। पर रात को खाना लेके उसके पास पहुँचा तो क्या देखता हूँ कि उसने खुद ही अपना सामान बाँध लिया है। मैंने कहा—"यह क्या है आशा?" बोला "क्यूँ? मैंने कहा नहीं था तुझसे? कल सुबह-सुबह चल देना है। जा तू भी तैयार हो जा।"

बस दूसरी सुबह हम बस में सवार थे। क्या बस में और क्या ट्रेन में, उसने मेरी वो गत बनायी कि अब तुझसे क्या बताऊँ? बदबू छूटती थी। मुसाफिर मुझ पै अलग झल्लायें। एक तो गाली-गलौज पर ही उतर आया और सीधे मुझ पै चढ़ बैठा। बिज्जू बेटा, तू सुन रहा है एक दो कौड़ी का आदमी मेरी छाती पर चढ़ा हुआ था और मैं लाश की तरह पड़ा था। मेरे हाथ-पाँव और दिल-दिमाग सब सुन्न पड़ गये थे। जैसे कुछ महसूस ही नहीं हो रहा था मुझे हो क्या गया था? अपने बाप की भी परवाह नहीं की मैंने। जिसने जरा आँख दिखायी मुझे कि मैंने उसका भुरता बना के ही रख दिया। डर किसे कहते हैं, मैंने जाना ही नहीं था। मेरे मुँह लगने की आखिर किसको हिम्मत थी! वही मैं इस हरामी आशा की खातिर एक दो कौड़ी के आदमी से मार खा रहा था और चूँ भी नहीं कर पा रहा था। किसलिए? अरे नहीं! पट्टा तो उसने पहले ही लिख दिया था। चलने के पहले ही। पट्टा लिखते ही वह मर गया था। पर उसे नजीबाबाद का मरघट चाहिए था। एक आखिरी फर्ज मुझे पूरा करना था कि नहीं?

मगर वह तो प्लेटफार्म पर ही पसर गया और कहने लगा—"बस, एक ही चाँटे में मान गया? और मार मेरी जान! और कसके लगा। तेरे एक चाँटे में वो नशा है परमेश्वरी, जो एक अद्धे में भी नहीं है। मार मुझे, खूब कसके मार। मैं इसी नशे में मरना माँगता हूँ। तू ही मुझे खामखाह जिलाए जा रहा था। अब तू ही मुझे मार।"

बिज्जू बेटा! वह कोई आध घण्टे तक इसी तरह बड़बड़ाता रहा। आखिर में जब थक के चूर हो गया तो कहने लगा—''तू मुझे खामखाह यहाँ ले आया परमेश्वरी। मुझे यहाँ नहीं उतरना।''...''तो कहाँ जाना है तुझे उल्लू के पट्ठे बोलता क्यों नहीं?...'' मैंने कहा। बोला—''बस एक आखिरी आरजू मेरी पूरी कर दे बेटा—तुझे बहुत सताया। तू मुझे हरी के द्वार पर पटक आ, बस। फिर तेरी छुट्टी। तू पीछे मुड़के भी मत देखना तुझे मेरी कसम।''

''तो फिर?'' मैंने पूछा। परमेश्वरी चचा बीच में ही कहीं गुम हो गये थे। मैंने उन्हें झकझोरा। ''तो फिर आप आशा को...।''

परमेश्वरी चचा ने एक लम्बी साँस छोड़ी। ''और क्या करता! हर की पैड़ी पै उसे बिठाके मैं भाग आया। और जैसा उसने कहा था, मैंने एक बार भी पीछे पलट के उसे नहीं देखा। तू क्या समझता है—मैं अगर पीछे पलट के उसे देखता तो क्या मैं लौट के ज़िन्दा वापस आ सकता था?...आख़िर मैं कब तक उससे चिपटा रहता? तू क्या सोच रहा है?''

''मैं कुछ नहीं सोच रहा हूँ''—मैंने कहा। मेरा माथा भन्ना रहा था। मैं फौरन उठ खड़ा हुआ। मुझे लग रहा था मेरा दम घुटा जा रहा है। मैं सीढ़ियों की ओर लपका। परमेश्वरी चचा मेरे पीछे-पीछे दूकान तक उतरे और मेरे कानों में फुसफुसाए—''अच्छा हुआ तुझे बता दिया। पर तू किसी को मत बताना अच्छा?''

मैंने हाथ जोड़कर उनसे विदा ली और दूकान से बाहर निकल आया। भीड़ भरे बाजार में घुसते ही मुझे लगा अब मैं खुल के साँस ले सकता हूँ।

हीरा आदमी

बहुत दिनों की बात है, बच्चो!
बूढ़ा एक शहर था—
उसके बीचोंबीच हमारा
फटा-पुराना घर था।

वह एक कस्बा था, जहाँ न बिजली थी, न सिनेमा। सिवा हवा-पानी के वहाँ रखा ही क्या था और इसीलिए वहाँ के लोग अक्सर कहा करते थे कि जो यहाँ से निकला, वह आदमी बन गया।

बात यों उनकी बहुत गलत भी नहीं थी, क्योंकि हवा-पानी में पौधे भले पनप जायें, आदमी कैसे पनप सकते हैं? पर ऐसे निकले हुए और पनपे हुए आदमी भी जब वहाँ लौटकर आते थे, यह देखकर चकित रह जाते थे, कि वे दरअसल, वहाँ से कभी निकले ही नहीं थे। सैकड़ों मील दूर छिटककर भी वे ज़िन्दगी-भर भीतर ही भीतर परिक्रमा करते रहे थे—उसी अपने कस्बे की और उसी अपने मुहल्ले की, जहाँ पर वे सभी उगे थे।

मैंने आपको कहा न कि वहाँ न बिजली थी, न सिनेमा! फिर भी, वह जाने कैसे इतना जगर-मगर रहता था और हँसी-ठट्टे से बारहों मास लहलहाता हुआ। लोग ऐसे भड़भड़िए कि अनेक होली-दिवालियाँ भी उनकी मस्ती निकालने को पूरी नहीं पड़ती थीं। लिहाजा लीला चलती रहती थीं आठों याम, रोज़मर्रा। और सभी को लपेटती रहती थी। उस सर्वव्यापी थिएटर से निकलना असम्भव था।

वे दोनों भाई मेरे लिए रम्मू कका, लच्छू कका थे। बाकी पूरे मुहल्ले के लिए वे रमुवा भाड़ू और लछुवा भाड़ू थे।

हमारे कस्बे में ज़्यादातर लोगों के दो नाम हुआ करते थे : एक तो वह जो उनके माँ-बाप और कुल पुरोहित की मिलीभगत से उपजता था और पूरी तरह व्यक्तिगत होता था। और दूसरा वह जो मुहल्ले की कृपा से मिलता था और पूरी तरह सामाजिक होता था। इस दूसरे नामकरण की कोई नियत घड़ी नहीं होती थी। न कोई एक आदमी उसका श्रेय उड़ा सकता था। हवा में उछलते ही वह लोकोक्ति

और लोकगीत की तरह अजर-अमर हो जाता था। शायद ही कभी कोई इस पुनर्जन्म से बचा हो। खुद हमारे एक नज़दीकी रिश्तेदार लाखा लखनलाल और उनके नाती-पोते पीढ़ी-दर-पीढ़ी अगर 'गाजर' कहलाते रहे, तो इसलिए नहीं कि उनकी तन्दुरुस्ती का राज़ कोई नहीं हथिया सका। बल्कि सिर्फ़ इसलिए, कि एक दिन किसी मसखरे को उनमें 'गाजर' दिखायी दे गया और उसे दिखायी दे गया, तो सबको दिखायी देने लगा।

तो मैंने उन्हें जब भी देखा 'भाड़' ही देखा और 'भाड़' ही सुना। और तो और, घर के अन्दर भी "आज भाड़ लोगों के यहाँ कथा हो रही है"...अरे भाड़ होरों के यहाँ मिठाई नहीं भेजी?"...जैसे अक्सर कान में पड़ने वाले जुमलों की बदौलत मैं अरसे तक इसी भ्रम में रहा कि यही उनका गोत्र है और जैसे हम लोग बिष्ट हैं वैसे ही वे भाड़ हैं। भाड़ एक गाली है, कोई जात या पदवी नहीं, यह जब मुझे पता चल गया, उसके बाद भी इस जानकारी का अपने उन बिरादरों से सही रिश्ता जोड़ने में मुझे काफी समय लगा था।

लच्छू कका छोटे थे और चाट की दूकान करते थे। चाट भी क्या, कहना चाहिए—मटर बेचते थे। मटर के अलावा वह और भी कुछ बना सकते हैं, इसकी कल्पना ही नहीं होती थी। और रम्मू कका क्या करते थे, यह बता पाना मुश्किल है। वह अक्सर पिये रहते थे और लोगों का कहना था, जहरीली स्पिरिट पीते हैं और चाहे जितनी पी लेते हैं, उन्हें कभी कुछ नहीं होता।

खैर, वह जितनी जैसी पिये हों, इतना तय था कि भाड़ कहलाए जाने से वह बेतरह चिढ़ते थे और चिढ़कर हर दिशा को माँ की गाली देते थे। जैसे उनके छोटे भाई को मटर के अलावा और कोई चाट बनानी नहीं आती थी, वैसे ही उन्हें भी माँ-बहन के अलावा और कुछ सूझता न था। हाँ, अब याद आया कि वह गैस के हण्डे ठीक किया करते थे और शादी-ब्याह के मौकों पर ऐसा खाना बनाते थे कि लोग होठ चाटते ही रह जाते थे। जहाँ तक मैं समझता हूँ, यह जैसा भी हुनर हो, ऐसा तो नहीं ही होगा जिसकी बदौलत आदमी रोज़ शराब पी सके। फिर भी, वह अपने भाई से ज़्यादा साफ़-सूफ रहते थे और नशे के बावजूद एक गैरमामूली आदमी होने का असर डालते थे।

मुहल्ले वालों के लिए इससे ज़्यादा मनोरंजक और क्या हो सकता था कि एक ऐसा शख्स, जो न पढ़ा-लिखा है, न कमाईदार है, सूबेदार-मेजर जैसे लटके दिखाये और इतने प्यार से दिये गये नाम को चुपचाप स्वीकार लेने की बजाय उस पर लाल-पीला होता रहे। जो छोटा भाई पचा गया, उस पर बड़ा भाई एतराज करे—यह जरा अनहोनी बात थी न! इसलिए बाज़ार में पैर पड़ा नहीं कि कभी इस कोने से, कभी उस कोने से "भाड़ है!"..."भाड़ है!"...के छर्रे छूटने लगते थे और जब रम्मू कका आपे से बाहर होकर माँ-बहन पर आ जाते थे, तो पूरा मुहल्ला एक कोरस में

बदल जाता था और रम्मू कका उससे छलनी होते हुए चुपचाप सिर नीचा किये अपने घर की ओर बढ़ जाते थे। कोरस धीमा पड़ा नहीं कि वे पीछे पलट के अपने फेफड़ों का पूरा ज़ोर लगाकर वही मारण मन्त्र चिंघाड़ते और धीरे से अपने घर में दाखिल हो जाते।

पर लच्छू कका की बात और थी। उन्होंने मान लिया था कि वह लक्ष्मीलाल नहीं, सिर्फ भाड़ हैं और बिना इसे शिरोधार्य किये मुहल्ले में जीना मुश्किल है। दिन में कई बार मेरे कानों में आकर टकराता "भाड़ चचा मटर खिलाओ।"..."भाड़ एक चाय।"...और याद नहीं पड़ता, कभी किसी के साथ उनकी ठनी हो। बाद-बाद में तो यहाँ तक नौबत आ गयी कि 'भाड़' कान में पड़ते ही रम्मू कका पत्थर उठाकर सीधे आवाज़ की तरफ रवाना कर देते थे। जाहिर है, ऐसे में उनकी कई बार ठुकाई भी हो जाती थी।

जब तक मैं इस खेल में शरीक होने लायक हुआ, तब तक रम्मू कका का यह पाषाण-युग शुरू हो गया था। बंटू, मोहन, घंटू, लालू जिस वक्त आस-पास बैठे बड़ों की मूक सहमति से अपना भाड़-अभियान चालू करते, मैं एक कोने में दुबक जाता और वहीं से लीला देखता। देखते-देखते रम्मू कका का चेहरा फोकस में आते ही मेरा जी करता उनमें से हरेक के सिर पर पत्थर पड़े। पर जाने कैसे हर बार रम्मू कका अपना लक्ष्य चूक जाते थे। दो-चार बार यह भी हुआ कि रम्मू कका पत्थर की जगह खुद ही दौड़कर लड़के को पकड़ लेते और अनाप-सनाप हाथ चला देते। तब बड़े लोग अचानक उस दृश्य में कूद पड़ते। तभी चिल्लाते हुए लच्छू कका अपनी दूकान से भागते हुए आते और अपने भाई की जमानत बतौर खुद को पेश करते हुए उन्हें छुड़ा ले जाते।

लच्छू कका छोटे थे और रम्मू कका बड़े। पर दीखने में रम्मू कका लच्छू कका से कम उम्र में लगते थे। वह ठिगने, काले और अड़ियल थे, जबकि लच्छू कका काफी लम्बे कद के और गोरे थे। लोग कहते थे कि लच्छू अपने बाप पर गया है और रम्मू अपनी माँ पर। उनके पिता की तो मुझे याद नहीं है—शायद उनकी मृत्यु बहुत पहले हो गयी थी—पर माँ की मुझे याद है। वह अक्सर हमारे घर आया करती थीं और अपने लड़के की गिरस्ती न बसा पाने की कचोट को लेकर जब-तब मेरी माँ के सामने फूट-फूटकर रो देती थीं। माँ से ही मैंने सुना था कि इनके पिता की हालत बड़े लड़के के वक्त बहुत खराब थी और बाद में दस-पन्द्रह साल बहुत अच्छी रहकर फिर एकदम चौपट हो गयी थी, जिससे रम्मू कका का स्कूल नौवीं के बाद छुड़ा देना पड़ा था। लच्छू कका तो बिचारे मिडिल पास भी नहीं हो पाये थे। यह भी पता चला था कि रम्मू कका अपनी मर्जी से ही मिलिटरी में भरती हुए थे और फिर साल-दो-साल में ही वापस भाग आये थे।

मुझे बड़ा अचरज हुआ था, क्योंकि छमाही-सालाना इम्तहान के दिनों में मैं जब भी परचे देकर घर वापस लौट रहा होता, रम्मू कका को वहीं दूकान के चबूतरे पर

अपना इन्तजार करते पाता। आधे घण्टे से पहले मेरी छुट्टी नहीं होती थी। मैंने कौन-से सवाल किये, यह क्यों किया, वह क्यों नहीं किया, कैसा किया, कितना किया—इसका पूरा हिसाब दिये बगैर मेरा छुटकारा नहीं था। वहाँ लच्छू कका भी होते, पर वह अपने काम में मशगूल रहते। पूरी जाँच-पड़ताल के बाद रम्मू कका अपने अन्दाज से जितने नम्बर मुझे मिलने चाहिए, सब अलग-अलग और फिर टोटल करके लाल स्याही से लिख देते। तभी परचा वापस मिलता। गणित, हिन्दी और अंग्रेज़ी में मुझे उतने ही नम्बर मिलते, जितने रम्मू कका ने लगाये होते। बाकी विषयों में उनकी कोई गति नहीं थी, पर वह उन पर भी उतनी ही बारीकबीनी करते। कहना न होगा कि लच्छू कका जब भी उन्हें टोकते थे—ऐसे ही मौकों पर टोकते थे। पर रम्मू कका के पास भी इसका तगड़ा जवाब था। वह परचा उठाकर भाई के सामने पटक देते और कहते, "तू ही क्यों नहीं लगा लेता? तू भी तो उस जमाने का मिडिल है; कोई मज़ाक है।"

इस पर लच्छू कका थोड़ा खिसिया जाते और परचा वापस भाई को पकड़ा देते, "हाँ! मुझे तो तुम्हारी तरह फुर्सत ही फुर्सत है ना!"

कभी-कभी वह झल्ला जाते और सुना भी देते, "परचा कराने का इतना ही शौक था, तो उस समय कहाँ मर गये थे जब...!...अरे, मटर ही मुझे बेचने हैं, ऐसा मुझे मालूम होता, तो तुम करमकोढ़ियों का इतना भी अहसान मैं क्यों उठाता! तुम्हीं अच्छे होते और तुम्हीं हिम्मत बाँधते, तो आज मेरी ये गत होती?" जैसे अपनी ही झल्लाहट से चौंककर वह सहसा चुप हो जाते और जल्दी-जल्दी मटर हिलाने लगते। रम्मू कका गुस्से से उन्हें घूरते रहते...उनके सहमकर होठ बुरी तरह फड़फड़ाने लगते। उनका चेहरा भी कुछ और काला पड़ जाता...फिर वह मुझसे कुछ नहीं पूछ पाते। चुपचाप परचे पर जल्दी-जल्दी नम्बर घसीटते और टोटल लगाके मुझे वापस पकड़ा देते।

दोनों की आकृतियों के बीच इतना कम साम्य था कि उन्हें सगे भाई मानना मुश्किल ही लगता था। पर एक चीज़ दोनों में समान रूप से सगी थी और वह उनके होठों, बल्कि आँखों की, एक खास तरह की ऐंठी हुई, बहुत ही विलक्षण मुस्कराहट।

आँखों में एक खास तरह की चमक—जैसी बहुत कम देखने में आती है—आँखें, जो आपके आर-पार हो जाती लगती हैं—जिनसे जैसे कुछ भी नहीं छुपा रह सकता और जिनमें आप कोशिश करके भी सीधे नहीं झाँक सकते। होठ एक-दूसरे को एक खास कोण से ढाँपे—जैसे सुनते ही किसी को भी पानी-पानी करके रख देंगे—मगर कोई ज़रूरत नहीं। बड़े की मुस्कराहट—समझ लीजिए—उनकी उम्र के बराबर उम्र की तहखाने में पड़ी शराब थी—अपने भाई से उतनी और ज़्यादा पकी हुई। अपनी बौखलाहट के चरम पर भी वह बिखरती नहीं थी और शायद यही कारण होगा कि उन्हें पिटते देखकर अपने साथियों की खुशी का संक्रामक मुझे लगकर भी नहीं लगता था। क्या मैं कुछ भूल रहा हूँ? आखिर, याददाश्त के सहारे कितनी दूर

जाया जा सकता है। चूँकि मुहल्ला बहुत चटोर था, लच्छू कका के मटर बिकते थे और चाय भी। मेरी जो छोटी-सी कोठरी थी—बाज़ार से सटी हुई—उसमें छुट्टी की दोपहर मैं रह-रहकर "भाड़! भाड़!" की गुहार सुनता था और उसके जवाब में एक दूसरी आवाज़ भी...अच्छा भइया! अभी भेजता हूँ।" तब मैं मन ही मन उस भाड़ कहने वालों को रम्मू कका के हाथ से खूब कुटते देखा करता था।

पर उस दिन तो गजब हो गया। हम गेंद-बल्ला खेल रहे थे—वहीं घर के सामने बाज़ार में। बल्ला मैंने घुमाया ही था कि गेंद सामने से आते हुए रम्मू कका के माथे पर लगी और तभी एक लड़का, जो ठीक उनके पीछे था, ज़ोर से "भाड़ है!" चिल्लाया और भागकर एक दूकान में छिप गया। वही क्यों, अचानक मैंने पाया कि सभी लड़के गायब हैं। एक मैं ही बल्ला हाथ में लिये रम्मू कका की चोट के सामने खड़ा रहा हूँ। निश्चय ही मैं भी भागना चाहता हूँगा पर...जब तक मैं कुछ सोचता-करता, रम्मू कका का भरपूर तमाचा मेरे गाल पर पड़ चुका था—और उसके साथ गाली भी।

तमाचे तक तो ठीक था। पर गाली? गाली गाली थी और उसकी लपेट में रोज़ रम्मू कका के लिए भले पूरी दुनिया आती हो, मैं कैसे आ सकता था!...दूसरे ही क्षण मैं अपने दुमंजिले की कोठरी में मुँह निकालकर पूरी ताकत के साथ चीख रहा था, "भाड़ है! भाड़ है!" और मेरी आवाज़ के साथ एक पूरा अदृश्य कोरस गूँज उठा था, "भाड़ है! भाड़ है!..."

रम्मू कका अब भी ठीक उस जगह खड़े थे, जहाँ उन्होंने मुझे तमाचा मारा था। वह एकटक मुझे ताक रहे थे...एक मिनट, दो मिनट, पाँच मिनट...वह कोरस भी डूब गया...वह वहीं खड़े-खड़े मुझे घूरते रहे! घूरते रहे!...खिड़की पर पड़ी चिक के पार मैं भी उन्हें देखता रहा।

विस्मय! हाँ, विस्मय ही तो! मुहल्ले का सबसे सीधा, दस-दिनिया बिरादर का लड़का! पढ़ने में होशियार लड़का।...लड़कों में अलग लड़का! उसने उन्हें गेंद मारी! निश्चय ही जान-बूझकर मारी। और ऊपर से भाड़ कहा!

पर बरसों तक गाढ़ी होते-होते तेजाब बन गयी स्पिरिट में इस छोटे-से अचरज को घुलते कितनी देर लगती! रम्मू कका लड़खड़ाए और धीरे-धीरे रोज़ की तरह सिर झुकाकर बढ़ लिए। ठीक है। चलो तुम भी सही।

कहना अनावश्यक है कि इसके बाद महीनों तक जब भी रम्मू कका हमारे सामने से गुज़रते, लड़कों के कोरस में मेरा अपना स्वर भी शामिल होता।

इतने में छमाही इम्तहान शुरू हो गये। पहले दिन ही गणित का परचा करके लौटा, तो सौ गज की दूरी से ही रम्मू कका हमेशा की तरह अपनी दूकान से चबूतरे पर डटे दिखायी दे गये। मैं उनको देखकर एक दूसरी चक्करदार गली की तरफ मुड़ ही रहा था कि नागपाश की तरह बिछलती एक पुकार मुझसे आकर लिपट गयी, "बदरीनाथ! ओ बदरीनाथ!"

नागपाश में जकड़ा मैं चबूतरे की ओर घिसट रहा था और मन ही मन सोच रहा था कि हमेशा का 'बद्रिया' मैं आज बदरीनाथ कैसे हो गया! बिना उनकी ओर देखे, मैंने परचा आगे बढ़ा दिया और अपने घर की ओर ताकने लगा।

रम्मू कका ने एक निगाह से परचे को और दूसरी निगाह से मेरी परेशानी को तौलते हुए कहा, "मुझे देर तो नहीं हो रही है?"

"पहले तो कभी नहीं पूछते थे। आप अब क्यों पूछ रहे हो?"...मैं कहना चाहता था, पर कहा कुछ नहीं। चुपचाप उसी तरह अपने घर की ओर ताकता खड़ा रहा।

"बैठ, यार"...रम्मू कका अपनी बेंच पर थोड़ा खिसक गये और परचा हल करने लगे। इतने में लच्छू कका भीतर से निकले और बारी-बारी से हमें अचरज से देखते रहे। फिर बैठकर विरक्त भाव से मटर हिलाने लगे। रम्मू कका ने, सवाल लगाते-लगाते एकाएक जैसे कुछ याद आ गया हो, जेब में हाथ डाला और कुछ टटोलते हुए भाई से कहा, "पक गये क्या तेरे मटर? एक प्लेट इसको भी दे दे। भूख लग रही होगी।"

"नहीं, मुझे भूख नहीं है।" मेरे मुँह से निकला और उसके साथ ही, "मुझे देर हो रही है।"

"बस एक मिनट और बेटा," रम्मू कका जल्दी-जल्दी आखिरी सवाल लगा रहे थे। सहसा उनके हाथ ढीले पड़ गये और उन्होंने "ठीक तो है, बस" कहते हुए सवाल अ़धूरा छोड़कर परचा मेरे हाथ में थमा दिया। "जा, तुझे देर हो रही है।"

घर पहुँचकर मैंने देखा, परचे पर नम्बर नहीं लगे थे। अजीब अकुलाहट हुई। मन किया वापस जाऊँ; कहूँ—नम्बर तो लगा दो। पर फिर रह ही गया। उस दिन के बाद मुझे रम्मू कका कभी भी स्कूल से लौटते वक्त अपने चबूतरे पर नहीं दिखायी पड़े।

हफ्ते-भर से लगातार मूसलाधार बारिश हो रही थी और आज जन्माष्टमी का दिन था। लच्छू कका अपना चाट का ठेला लेकर कृष्ण मन्दिर के प्रांगण में जमे हुए थे। रात के बारह-एक बजे तक वहाँ खासी चहल-पहल रहती थी। मुहल्ले के सारे लड़के कृष्ण-जन्म की रोमांचकारी प्रतीक्षा में ठीक पौने बारह बजे आकर डट गये थे। मुरादाबाद की एक मशहूर कीर्तन-मण्डली इस बार आई थी और खराब मौसम के बावजूद मन्दिर खचाखच भरा हुआ था।

ठीक बारह बजे कृष्ण जन्म हुआ और हम सारे लड़के पुजारी जी पर टूट पड़े। थोड़ा-थोड़ा मोहनभोग सभी को मिला। पर मेरे हिस्से में पिताजी की बदौलत एक पूरा मालपुवा आ गया। प्रसाद पाकर भीड़ तेजी से छँटने लगी, पर हम लोग वहीं डटे रहे। कीर्तन फिर से जमने लगा। इतने में बड़े ज़ोरों की आँधी चलने लगी और बाकी बचे लोगों में भी भगदड़ मच गयी। पलक मारते आँगन एकदम खाली हो गया।

तभी बड़े ज़ोरों की बिजली कड़की और उसकी कौंध में मन्दिर के फाटक के पास एक आकृति दिखायी दी। "लछुआ! लछुआ!" चिल्लाते हुए रम्मू काका चले

आ रहे थे। लड़खड़ाते हुए। बाबूजी ने लपककर उसकी बाँह थामी और मन्दिर के अन्दर लाकर पूछा, "क्या हुआ, रामी, तुझे? क्यों चिल्ला रहा है? काकी! इधर तो आओ जरा!"

"क्या हुआ मेरे रमिया को? क्या हुआ?" चिल्लाती हुई माँ मन्दिर के भीतर से निकली। रम्मू कका अपनी माँ को देखते ही उससे जा लिपटे और पागलों की तरह ठठाकर हँसने लगे। "अरे तू ज़िन्दा है! हमारी बुढ़िया ज़िन्दा है। मैं तो समझ रहा था, तेरी वहीं कबर बन गयी। और लछुआ। तू कहाँ है, रे? बोलता क्यों नहीं?"

"लच्छू कका तो आँधी आने से पहले ही चल दिये थे।" लड़कों की भीड़ में ही एक आवाज़ आई।

तभी सामने से बदहवास लच्छू कका दौड़ते हुए आये और अपने भाई से लिपट गये। फूलों की जगह वहाँ अब स्पिरिट की महक फैली थी।

"भैया! मकान गिर गया!" मेरे पिता से लिपटकर लच्छू कका रो पड़े।

अब जाकर लोगों की समझ में आया कि माजरा क्या है। हमारे मुहल्ले के वहाँ सिर्फ़ हम कुछ लड़के और दो-चार बड़े ही बचे थे। बाकी लोग कभी के जा चुके थे।

"अरे, गिर गया साला, तो रोता काहे कूँ है?" रम्मू कका की जबान बुरी तरह लड़खड़ा रही थी और उनकी माँ घुटनों में मुँह डाले सिसक रही थी। रम्मू कका खिलखिलाए जा रहे थे, "अरे भाड़ का घर गिर गया, रे। मुहल्ले वालों ज़िन्दाबाद! बोलो, किशन महाराज की...जै!"

मेरी माँ उनकी माँ को और पिताजी दोनों भाइयों को घेर-घारकर हमारे घर ले गये। गिरे हुए मकान का दृश्य हमने अगली सुबह देखा। वहाँ पूरा मुहल्ला इकट्ठा था। वहीं उसी समय तय हुआ कि मुहल्ले का हर सदस्य तीनों के भरण-पोषण का जिम्मा लेता है जब तक मकान फिर से नहीं खड़ा हो जाता। और मकान बनाने की जिम्मेदारी भी मुहल्ले की ही है।

"रमिया का तो कुछ नहीं। मगर लछवा ने तो कुछ जोड़-जाड़ के रखाही होगा।" सिंगडुवा लाला मेरे पिता के कान में फुसफुसाए।

लड़के मलबे की छानबीन में जुटे थे। पाँच-छह संदूकों में कुल जमा डेढ़ सौ रुपये निकले। "सब पूरन चाट वाले की मेहरबानी है," लच्छू कका बार-बार यही जुमला दुहरा देते। पता चला कि साल भर से, यानी जबसे काशीपुर के पूरन तेवाड़ी की दूकान ज़रूरी बाज़ार में खुली है, लच्छू का धन्धा ठप्प पड़ा है और, बस, किसी तरह चल रहा था।

सामूहिक फैसला हो गया, पर जब पूरा पखवाड़ा गुज़र जाने के बाद भी उस पर कोई कार्रवाई नहीं दिखलाई दी, तो मुहल्ले के लड़कों ने आपस में ही मिलकर एक बैठक की जिसमें यह तय हुआ कि मलबा हटाने का काम फौरन शुरू कर दिया जाये। बड़ों का रास्ता देखना बेकार है। घंटू, जिसने रम्मू कका की सबसे ज़्यादा

गालियाँ खायी थीं, उसने यह सुझाया कि बड़ों से सिर्फ़ चन्दा उगाहा जाये और मिस्त्री लगाकर बाकी सारा मजूरी का काम लड़के लोग ही करें। देखते-देखते मलबा साफ़ हो गया और दूसरे मुहल्लों के भी बड़े-छोटे लड़के इस अभियान में शामिल हो गये। रम्मू कका की तबियत कुछ गड़बड़ चल रही थी। जब भी लच्छू कका काम में हाथ बँटाने आते, बड़े-बूढ़े लोग कहते, तू यहाँ की फिकर मत कर। अपना काम देख। अपने भाई को सँभाल। हम यहाँ किसलिए हैं?''

काम इस तेजी से चला कि दो महीने के अन्दर मकान फिर से खड़ा हो गया—पहले से कहीं बेहतर। किसी ने उस पर एक पैरोडी भी जड़ दी जिसे लड़के अक्सर गुनगुनाते पाये जाते—''कै वह टूटी-सी छानी हुती, श्रमदान बदौलत धाम सुहाए।''

मेरे सामने-सामने की ही बात है, घंटू और मोहन हमारे यहाँ से रम्मू कका को दोनों बाँहों से थामकर नये मकान के सामने ले गये और बोले, ''देखो कका! तुम्हारी इमारत का हमने क्या बढ़िया नाम रखा है।''

रम्मू कका उतने चलने में ही हाँफने लगे थे। कमर पर हाथ रखकर उन्होंने जेब से चश्मा निकालकर आँखों पर चढ़ाया और ऊपर आँख गड़ाई, तो वहाँ दुमंजिले की पट्टी पर 'भाड़-भवन' खुदा देखकर उनका हाथ फौरन ऊपर उठा और मुँह से बेसाख्ता निकल पड़ा...''तुम्हारी माँ की...।'' पर अगले ही क्षण उन्होंने घंटू को छाती से लगा लिया और फूट-फूटकर रोने लगे।

उस दिन के बाद रम्मू कका के मुँह से फिर माँ की गाली कभी नहीं सुनी गयी। 'भाड़-भवन' में प्रवेश करने के पहले ही उन्हें अस्पताल में प्रविष्ट होना पड़ा। और वहाँ से कुल अड़तालीस घण्टों के अन्दर ही उन्होंने सीधी उड़ान भर ली। उन्हें पहुँचाकर जब मुहल्ले के लोग लौटे, तो घंटू के पिता ने ऐन 'भाड़-भवन' के सामने मेरे पिता से कहा—

''वह तो उसी दिन चला गया था जिस दिन उसका मकान गिरा। लौंडों का मन रखने को उसने प्राण अटका के रखे थे। कितने दिन चलता आखिर? स्पिरिट से गली आँतें कब तक साथ देतीं।''

मुहल्ले के लोग बहुत बाद-बाद तक भी छोटे भाई के सामने बड़े भाई का गुणगान करते नहीं थकते थे, ''हीरा आदमी था। नसीब का मारा था—नहीं तो हाथ में उसके वो हुनर था, जो या तो सिर्फ़ उसके बाप में था या फिर सिर्फ़ उसी में।''

अब तो छोटा भाई भी नहीं रहा। और चूँकि दोनों अविवाहित थे—मेरा ख्याल है—अब भाड़-भवन में जो भी रहता होगा, उसने वह शिलालेख ज़रूर मिटा दिया होगा। निरे सीमेंट का लेख मिटाना क्या मुश्किल है! पर कुछ चीज़ें ऐसी होती हैं जिन्हें, लगता है काल भी नहीं मिटा पाता। जैसे मिसाल के तौर पर, यह सवाल ही, कि कोई भी आदमी अपने मुहल्ले या कस्बे से बड़ा हो सकता है या नहीं?

मुहल्ले का रावण

नाम उनका कादिर मियाँ था, पर पूरे टिकुरिया मुहल्ले में उन्हें कोई इस नाम से नहीं पुकारता था। चिचंडे के अलावा भी कोई नाम उनका हो सकता है, यह हमें शायद ही कभी सूझा हो। चिचिंड़ा एक सब्जी का नाम है जो तोरई से ज़्यादा लम्बी और चमकीली होती है। अगर तोरई पर रंदा फेरके सपाट कर दिया जाये और रबड़ की तरह खेंच दिया जाये तो वह चिचिंड़ा की बहन बन जायेगी।

इस नामकरण की शुरुआत कैसे हुई, क्यों हुई और चिचिंड़ा नामक सब्जी तथा कादर मियाँ की शख्सियत के बीच पुल किसने बाँधा, यह शोध का विषय है और मेरे बस का नहीं है। जहाँ तक इस सब्जी का सवाल है, उसका स्वाद मैं भी नहीं जानता और न जानने की इच्छा रखता हूँ। शुरू से ही मेरे दिमाग में यह बात बैठ गयी है कि इससे ज़्यादा रद्दी और नामाकूल सब्जी-सब्जियों की दुनिया में और कोई नहीं होगी। सुना उसमें एक साबुनी चिकनायी होती है, जो तोरई में नहीं होती। रूप-रंग भी उसका जरा बिदकाने वाला होता है। पर शाम होते-होते उसकी तोरई की आधी कीमत पर भी बिक पाना मुश्किल हो जाता है। मैं ये ब्यौरे आपको एक 'इनसाइडर' की हैसियत से बता रहा हूँ, क्योंकि हमारे यहाँ सब्जियों का ही धन्धा होता था और चिचंडों की दुर्दशा का मैं चश्मदीद गवाह रहा हूँ।

पर जाने क्यों मुझे लगता है कि अगर इस अभागी सब्जी का नाम चिचिंड़ा नहीं होता तो इसकी यह दशा न होती। अगर तोरई के ही वजन पर ओरई या गोरई जैसा नाम इसका होता तो सारी चिकनाई और सफ़ेद धारियों के बावजूद लोग इसे उतने ही चाव से खाते जैसे तोरई-लौकी खाते हैं। चिचिंड़ा में अंडे की, और जाने किस-किस की बू आती है।

तो टिकुरिया मुहल्ले में ही हम लोग भी रहते थे और चिचिंड़ा यानी कादिर मियाँ भी। टिकुरिया मुहल्ले के तल्ले सिरे का मुआयना अगर आप पिछवाड़े की तरफ़ से करें, तो आपको हर दरवाज़े पर एक टाट लटका मिलेगा। पूरे बाज़ार में, जो आधा मील लम्बा और औसतन समझ लीजिए दस फुट चौड़ा है और कुल नौ मुहल्लों से

मिल के बना है, इस तरह के टाट-घर तो आपको इक्के-दुक्के दूसरी जगह भी दिखायी दे जायेंगे। पर एक साथ डेढ़ दर्जन टाटों की इतनी लम्बी कतार आपको नहीं मिलेगी। कारण इसका ये, कि हमारे टिकुरिया मुहल्ले से लगा हुआ जो नाई बाज़ार है वहाँ सिर्फ़ दूकानें ही दूकानें हैं और उन दूकानों के दूकानदार इन्हीं टाट-घरों में रहते हैं। और मुहल्लों में आपको टाट नहीं, चिकें मिलेंगी। टाट और चिक का फर्क आप समझते ही होंगे। अगर आप बाल काटने, बाल ढकने या खाल उतारने का धंधा करते हैं तो आप टाट ही लटका सकते हैं और अगर आपके पास पासिंग शो या विल्स की एजेंसी हो तो जाहिर है आपकी दूकान के ऊपर जो मकान है, वह आपका ही होगा और उसके खिड़की-दरवाज़ों पर चिकें ज़रूर पड़ी होंगी। चिकें तो यूँ वहाँ भी हो सकती थीं जहाँ दरवाज़ा गली से सटा हुआ है; पर वहाँ थोड़ी बेमेल पड़ जायेंगी, क्योंकि टाट का रंग ज़मीन के रंग से जरा भी अलग नहीं दीखता। फिर सँकरी गली से सटे हुए दड़बों पर चिक ठोक के आप करेंगे भी क्या? बाज़ार की तरफ़ मुँह हो, कुछ देखने लायक चीज़ें हों तो चिक का कोई तुक भी है।

तो हमारे कादिर मियाँ भी शायद इन्हीं टाटों में से किसी एक के पीछे रहते होंगे। होंगे इसलिए कहना पड़ रहा है कि हालाँकि हमारा मकान उनकी दूकान की बगल में ही था, वह दूकान यानी मकान किसी और का था और उसका पिछवाड़ा भी टाट वाला नहीं था। यह भी तो मुमकिन है कि चिचिंड़ा महाशय अपनी छह वर्षीया पुत्री सूफिया के साथ उसी दूकान के अन्दर रहते हों और इस तरह रहते हों कि टाट की भी गुंजाइश न हो।

और सचमुच कादिर मियाँ से जुड़ी जो भी आवाज़ें मेरे कानों में आज भी गूँजती हैं। वे सब उसी दूकान के भीतर से आती थीं और सुबह पाँच बजे से लेकर रात ग्यारह-बारह बजे तक आती थीं यानी वह दूकान कभी बन्द नहीं होती थी और यह तभी सम्भव है जब दूकान ही मकान भी हो।

"सूफिया! ऐ सूफिया! कहाँ मर गयी। हरामज़ादी! दो मिनट दूकान में बैठते जान निकलती है। मार-मार के भुरता बना दूँगा। कहाँ गयी थी बदजात!"

"बेटा सूफी! चल खाना खा ले। अरे मेरी रानी बेटी गुस्सा हो गयी क्या? अब अब्बा की खैर नहीं। अब अब्बा की शामत आ गयी। रानी बेटी सूफिया अपने अब्बा को पीटेगी। फिर ये गुलाबजामुन कौन खायेगा? और ये रबड़ी कौन खायेगा? मेरा बेटा खायेगा। मेरा बेटा गरमागरम गुलाबजामन खायेगा। ये देखो आयी हँसी, आयी हँसी आयी हँसी आयी...।"

और इसके तुरन्त बाद अगल-बगल के घरों में सूफिया के सचमुच खिलखिलाकर हँसने की आवाज़ का—कादिर मियाँ के बड़ी देर तक गूँजते अट्टहास का सुनायी पड़ना लाजिमी था।

अब आप शायद यह जानने को उत्सुक होंगे कि हमारे कादिर मियाँ काहे की दूकान करते थे। आपने सवाल पूछा और मेरी आँखों के आगे मुहल्ले का नक्शा झूलने लगा। भैरवथान और हमारे नेपाली घर के बीच भिंचा एक दुमंजिला दड़बा और तीन हाथ ऊँची कादिर मियाँ की दूकान, जिसकी छत से पाँच-छह रस्सियाँ लटकी हुई...और उन रस्सियों पर झूलती लाल, हरी, सफ़ेद, पीली रंग-बिरंगी टोपियाँ और नीचे कई चौकोर पेटियों में खुँपी सस्ती अँगूठियों की बहार...

जी हाँ, कादिर मियाँ टोपियाँ बनाते थे। सिवा उन गिने-चुने मौकों के, जब वे सूफिया-संवाद में निमग्न रहते या जब वे हाथ पीछे बाँधे हुए चूड़ीदार पाजामे और चुन्नटदार हरे कुरते में तेज-तेज कदमों टिकुरिया मुहल्ले की लम्बाई नाप रहे होते—कौतुक भरी आँखों से सबकी गतिविधियाँ भाँपते हुए और टिप्पणियाँ जड़ते हुए—वे हमेशा टोपियाँ सिलते दिखायी देते थे। उनकी सिलाई मशीन शायद ही कभी चुप बैठती। उसे आराम तभी मिलता जब गले की मशीन चालू हो जाती। दिन में कम-से-कम दो शो इस दूसरी मशीन के होने लाजिमी थे। मैटिनी फटकार शो और इवनिंग पुचकार शो। ऐसा नहीं किया कि कादिर मियाँ टोपियों के अलावा और कुछ बनाना ही न जानते हों। हमने अपने बड़ों के मुँह से सुना है कि एक जमाना ऐसा था जब हमारा कस्बा अपने थियेटर के लिए मशहूर था और साल में कम-से-कम साठ-सत्तर नाटक होते थे और उन नाटकों के लिए पोशाक बनाने का जिम्मा कस्बे में सिर्फ़ कादिर मियाँ का था। यह तो कादिर मियाँ की बल्कि हमारे कस्बे की ही बदकिस्मती कहिए कि कोढ़ीखाने के पादरी के साले ने सन् 1931 में आके हमारे हनुमना में 'दरबार' सिनेमा क्या खोला, देखते-ही-देखते हमारे शहर के पचास साल पुराने थिएटर का पटरा बिठा दिया और कादिर मियाँ धीरे-धीरे बेरोज़गार होते गये। बेरोज़गारी भी दोतरफा। नाटकों के पात्रों की पोशाक सिलने के अलावा वे उनमें माइनर रोल भी अक्सर ही, सुना, कर लिया करते थे। मुझसे एक बार खुद कादिर मियाँ ने कहा था कि 'बाणासुर' नाटक मैं वे खुद बाणासुर बने थे। हाँ, याद आया, जब 'बाणासुर' फिल्म लगी थी और मैं स्कूल की तरफ़ से देखने आया था तब मुझी से उसकी कहानी सुनके फिल्म वालों की माँ-बहन को याद करते हुए उन्होंने यह जानकारी, अपने अतीत की, मुझे दी थी, जो न तो मुझे अतिरंजित लगी थी और न आज इतने बरसों बाद। मेरे बड़े भाई का तो यहाँ तक कहना था कि अगर कादिर मियाँ फिल्म में गये होते तो चन्द्रमोहन को पीट के धर देते।

मुझे याद है हमारे मुहल्ले का कोई आदमी जब पहले दाँव में कादिर मियाँ को चिढ़ाने में असफल हो जाता तो उसका दूसरा दाँव इस तरह का होता था :

"यार चिचिंड़ा। चल रहा है 'दरबार' में? 'लैला-मजनूँ' लगी है।"

"लैला-मजनूँ की..." चिचिंड़ा एकदम बिफर जाते।

"अरे मैं दिखाऊँगा यार। तेरी गाँठ ढीली नहीं होगी, तुझे पता है उसमें तेरी सुरैया का डांस है। सहगल के गाने हैं।" कादिर मियाँ नकली हैरत से अपने 'शैतान' को घूरते और सुरैया और सहगल को भी उसी बुलंदी से कोसते हुए आगे बढ़ जाते। सभी को मालूम था कि सामने-सामने कादिर मियाँ चाहे जितनी नफरत थूकते हों, रात के सेकंड शो में वे अपनी पसन्द की फिल्में चुपचाप देख आते थे। जब मुहल्ले का कोई उन्हें देख लेता और अगले दिन पूछता—"क्यों चिचिंड़ा! मज़ा आया?" तो वे तिलमिलाकर कहते—"तूने अपने बाप को देखा होगा। मैं और फिल्म! तेरी शामत आ गयी क्या?"

मुहल्ले में कादिर मियाँ की इस रात्रिचर्या का पता सबसे पहले हमीं को चलता था। जिस रात देर तक सूफिया के सिसकने की आवाज़ आती, हम समझ जाते कि अब्बा फिल्म देखने गये। जिस दिन ऐसा होता उसकी अगली सुबह और दोपहर कादिर मियाँ के चीखने-चिल्लाने की आवाज़ बिल्कुल नहीं सुनायी देती।

मुहल्ले में जो सबसे बड़ी दूकान थी—वह जिस आदमी की थी, वह हमारा ही बिरादर था। हालाँकि हमारी उससे बोलचाल तक नहीं थी। वह पूरा खानदान अपनी बदतमीजी के लिए मशहूर था और फुटवा के नाम से जाना जाता था। लगभग एक-तिहाई सदी से कादिर मियाँ अपना राशन-पानी इसी दूकान से खरीदते आये थे। माहवारी हिसाब चलता था। ज़रूरत की सारी चीज़ें उस एक दूकान में सुलभ थीं।

खाने-पीने की दूकान से उधार लेना तो समझ में आता है। पर दर्जी से भी उधारी चल सकती है, यह आपने नहीं सुना होगा। मैंने आपको बताया कि कादिर मियाँ टोपियाँ बनाते थे। ठण्डी, गरम, दुपलिया, सफ़ेद-लाल-पीली-नीली हर तरह की टोपियाँ बनाते थे और मुहल्ले ही क्यों शहर भर में नरमुंडों को कादिर मियाँ ही ढकते थे। उस ज़माने में नंगे सिर रहना बदतमीजी समझी जाती थी। यह बारहमासी धन्धा भी था और मौसमी भी। मुझे याद है एक बार उनकी दूकान सफ़ेद टोपियों से पटी रही थी लगातार कई महीनों तक। वह स्वतन्त्र भारत का पहला चुनाव था और हनुमना का गढ़ कांग्रेस ने ही जीता था। फिर दूकान धीरे-धीरे तिरंगी हो चली थी। पर लाली के नीचे बाकी सारे रंग दब गये थे और सचमुच उस साल हमारे यहाँ से जो जीता था वह सोशलिस्ट उम्मीदवार ही था। उससे अगली बार मैं लखनऊ से छुट्टियों में घर लौट के आया तो क्या देखता हूँ कि कादिर मियाँ की दूकान एकदम केसरिया हो गयी है। शायद इसी को देखते हुए लोगों ने और कादिर मियाँ ने भी डंके की चोट पर भविष्यवाणी कर दी थी कि देखना अबकी दीपकवाला जीतेगा और सचमुच वैसा ही हुआ।

और फिर भी इस मौसमी और सदाबहार धन्धे के बावजूद कादिर मियाँ हमेशा खस्ताहाल ही नज़र आते थे। लोगों का कहना था कि चिचिंड़ा के पास बहुत रकम

है और वह सारा खजाना उसने अपनी बेटी के ब्याह के लिए जमा किया है। बीवी कभी की अल्ला मियाँ को प्यारी हो चुकी थी और सूफिया ही कादिर मियाँ का सर्वस्व थी। पर कादिर मियाँ के लँगोटिया यार लालू सेठ का कहना था—और मेरी राय भी यही थी—कि चिचिंड़ा बहुत चटोर है और जो कुछ कमाते हैं सब पेट के गड्ढे में डाल देते हैं। पैसे आये नहीं कि फूँके। मिठाई के बगैर उनसे रहा नहीं जाता था। खड़े-खड़े आधा सेर रबड़ी चाट जाते थे। कड़की के दिनों में भी—उधारी जिन्दाबाद—उनका वही ढंग रहता था। शराब वे पीते थे या नहीं, मैं कह नहीं सकता। पर पैसे उन्होंने किसी के मारे हों ऐसा कभी नहीं सुना गया।

मुहर्रम के दिनों में कादिर मियाँ टोपियाँ सिलना बन्द कर देते थे और मिठाई का खोमचा लगाते थे। जन्माष्टमी के दिनों में जो पँजीरी का प्रसाद बनता था, वह मुझे बेहद पसन्द था और यह मुहर्रम वाली मिठाई भी मुझे वैसा ही स्वाद देती थी—बल्कि कादिर मियाँ के हाथ की बनी वह ज़्यादा ही स्वादिष्ट होती थी। पँजीरी में मेवे का तो सवाल ही नहीं और कादिर मियाँ अपनी उस खास मिठाई के अन्दर ऐसे-ऐसे मेवे डालते थे कि दूसरे खोमचे वाले उनका सपना भी नहीं देख सकते थे। इस खोमचे से उनकी क्या आमदनी होती होगी। यह तो वही जानें पर जिस तरह खोमचा लगते ही हम बच्चे उन पर टूट पड़ते थे और आधा घण्टे के अन्दर सब साफ़ कर देते थे और एक हाथ की मुट्ठी में हमारे अधन्ने बटोर के जेब में डालते हुए कादिर मियाँ जिस उल्लास के साथ 'खेल खतम पैसा हज़म' कहते हुए खोमचा समेटते थे, उसे देखते हुए हमें यही लगता था कि वे मदारी हैं। पूरे बाज़ार में सबसे बढ़िया ताजिया हमारे मुहल्ले में बनता था और दशहरे के दिन जो नौ रावणों के रथों का जुलूस निकलता था। उसमें भी हर साल पहला नम्बर हमारे मुहल्ले के रावण का ही होता था। कई रातों की मेहनत इसके पीछे हुआ करती थी और आखिरी रात को कादिर मियाँ हम लोगों को जरा जल्दी ही खिसका देते थे। हम सबका यही ख्याल था कि हमारे रावण के पहले नम्बर पर राज उस आखिरी रात की उस आखिरी कारगुजारी में ही निहित था। पूरा हनुमना कादिर मियाँ के इस हुनर का कायल था और खुद कादिर मियाँ को भी इसका पूरा अहसास था।

मामूली कहा-सुनी तो फटफुटवा और कादिर मियाँ के बीच पहले भी होती रही होगी। कौन यकीन करेगा कि जो आदमी अपनी बदमिज़ाजी के लिए मुहल्ले भर में बदनाम हो और आधे से ज़्यादा लोगों को फूटी आँखों भी न सुहाता हो, ऐसे आदमी के साथ कादिर मियाँ जैसे चुहलबाज और नेकनीयत आदमी की एक-तिहाई सदी के दौरान कभी खटकी ही न होगी। पर उस दिन जो कुछ हुआ, वह कल्पनातीत था।

मुहल्ले में फटफुटवा की गिरी हुई साख का इससे बड़ा प्रमाण और क्या हो सकता है कि सबसे बड़ी दूकान होते हुए भी सिवाय एक कादिर मियाँ के कोई उसके यहाँ फटकता तक नहीं था। बदमिज़ाजी के अलावा उसके हिसाब की गड़बड़ियाँ भी

आम चर्चा का विषय थीं। इसके बावजूद उसके यहाँ ग्राहकों की भीड़ लगी रहती थी। ये ग्राहक कुछ तो दूसरे मुहल्लों के लोग होते थे, पर ज़्यादातर आस-पास और दूरदराज़ के गाँवों के। जिन्हें लाला फटफुटवा की विशेषताओं के बारे में कोई खास इल्म नहीं हो सकता था।

वह इतवार का दिन था और मैं अपनी दूकान पर बैठा हुआ था। कोई बारह-एक का समय होगा। कादिर मियाँ ऊपर टेढ़ी बाज़ार से आते दिखायी दिये। पीछे से किसी ने चिढ़ाया–'चिचिंड़ा!' कादिर मियाँ ने पलट के देखा और जिधर से आवाज़ आयी थी उस तरफ मुँह करके चिल्लाये–'कौन कम्बख्त सुबे-सुबे अपने आप को रो रिया है?'...और मुस्कराते हुए आगे बढ़ गये। इतने में मेरे सामने की दूकान के लाला भीकम सिंह ने भी अरहर तौलते हुए कादिर मियाँ को सुनाते हुए मुझे आवाज़ लगायी–'लल्ला, जरा दो चिचिंड़ा तो तोलना।' इस पर कादिर मियाँ ने कनखियों में मुस्कराते हुए मुझे देखा और लाला के पास जाकर जैसे पुचकारते हुए फुसफुसाए–"दो क्या करेगा लाला? उससे काहे रो रिया है? मुझसे बोल–मेरा चिचंडा हाजिर है तेरी खिदमत के लिए। निकालूँ?"...इससे पहले कि भीकम सिंह कोई जवाब लौटाये, खिलखिलाते हुए कादिर मियाँ अपना कुरता लहराते हुए आगे बढ़ लिए। और दिन वे बिना हमारी दूकान पर रुके आगे नहीं बढ़ते थे। चाहे दूकान पर मैं ही क्यों न बैठा होऊँ। पर उस दिन वे सीधे चले गये। एक मिनट बाद ही मेरे कानों में कादिर मियाँ की आवाज पड़ी–"चोप कद्दू की औलाद।"...मेरी समझ में नहीं आया कि इस रोज़मर्रा के नाटक में मुहल्ले वालों को ज़्यादा मज़ा आता है कि कादिर मियाँ को? टोपियाँ सिलते-सिलते वे कम से कम तीन-चार बार मुहल्ले के चक्कर जो लगाते हैं वह क्या सिर्फ़ इसलिए कि लोग उन्हें चिढ़ायें और उन्हें भी हर बार एक नयी गाली ईज़ाद करने का सुख मिले? उन्हें ऊब भी नहीं होती इस रोज़मर्रा के थिएटर से?...अगर किसी एक दिन सहसा मुहल्ले के लोग तय कर लें कि उन्हें कादिर मियाँ को चिड़ना बन्द कर देना चाहिए, तो कादिर मियाँ क्या करेंगे?

थिएटर की बात से कहीं आप ऐसा न समझ लें कि कादिर मियाँ कभी सचमुच चिढ़ते ही नहीं थे। चिढ़ते न होते तो चिढ़ाये कैसे जाते। किसी-किसी मूड में उनका लीलाभाव भी बुझ जाता था। खासकर तब, जब कोई ऐसा आदमी उन्हें 'चिचिंड़ा' कहे जिससे वे सचमुच नाराज़ हों या तब, जब वे सूफिया की खोज कर रहे हों या जब उनकी जेब बिल्कुल ही खाली हो। ऐसे मौकों पर उन्हें चिढ़ाने वाले की काफी बुरी गत बन सकती थी।

पर उस दिन तो उनका मूड काफी अच्छा लग रहा था और उक्त तीनों कारणों में से एक भी मौजूद नहीं था। उन दिनों एक बार फिर से कादिर मियाँ की दूकान सफ़ेद टोपियों की फैक्टरी बनी हुई थी और शाम के वक्त बिला नागा उन्हें–बाप-बेटी दोनों को–किसना हलवाई के यहाँ दूध-जलेबी उड़ाते हुए कोई भी देख सकता था।

मेरे पास से गुज़रे उन्हें पाँच मिनट भी नहीं हुए होंगे कि एक ज़ोरों का हल्ला सुनायी दिया और कादिर मियाँ का चीखना। मैं उस वक्त सचमुच चिचिंड़ा तोल रहा था। एक सेकण्ड में मेरी समझ में आ गया कि चिचिंड़ा और फटफटुवा के बीच ज़ोरों की ठन गयी है। ग्राहक को निपटाकर मैं दूकान से कूदा तो क्या देखता हूँ कि दोनों फटफुटवा ब्रदर्स कादिर मियाँ पर पिले हुए हैं और तड़ातड़ उन्हें मारे जा रहे हैं और कादिर मियाँ अपने को सँभालने की कोशिश करते हुए गालियाँ बके जा रहे थे...अगले ही क्षण मैंने देखा कादिर मियाँ चीखते हुए अपनी दूकान की ओर भागे जा रहे हैं और एक फटफुटवा थोड़ी दूर तक उनका पीछा करके वापस लौट रहा है। मुहल्ले के सारे दूकानदार अपनी दूकानों के आगे खड़े तमाशा देख रहे हैं। सुरेन्द्र की दूकान के आगे चार-पाँच लोग ज़ोर-ज़ोर से बहस कर रहे थे। मैं भी नज़दीक जाके उनकी बातचीत सुनने लगा।

"देखो साले दो-दो चिपटे हुए थे हरामज़ादे।"

"गाली पहले चिचिंड़ा ने दी।"

"क्या गाली दी? फटफुटवा कहा होगा और क्या?"

"नहीं। चीनी लेने गया था। कहा अरे फटफुटवा! डंडी तो मत मार। इस पर छोटे फटफुटवा ने कहा—जबान सँभाल के बोल बे चिचिंड़ा।"

"फिर?"

"फिर चिचिंड़ा ने कहा—चिचिंड़ा तेरा बाप होगा। इतने में बड़ा भाई भीतर से निकलकर आया और बोला—साले का सौदा बन्द कर दो। चल साले, अभी इसी वक्त हमारा दो महीने का हिसाब चुकता कर।"

"अच्छा तो फिर चिचिंड़ा क्या बोला?"

"चिचिंड़ा सारे मुहल्ले को सुनाते हुए चीखने लगा—देखो साले कल के छोकरे मुझे धौंस बता रहे हैं। अरे सालो, तुम्हारे बाप के जमाने से सौदा खा रहा हूँ। कभी एक पैसा भी, तुम्हारा बकाया रखा हो कोई कह के तो देखे जरा।"

"बड़े फटफुटवा से तो इसकी बहुत ही पटती थी।"

"फिर चिचिंड़ा ने चीनी का पूड़ा 'ऐसी की तैसी इस फटफुटवे की' कहते हुए दूकान में फेंक मारा। बस बड़ा भाई आपे से बाहर हो गया और बाहर निकल के उसने चिचिंड़ा को कालर पकड़ के इतनी ज़ोर का धक्का मारा कि चिचिंड़ा ज़मीन पर गिर पड़ा। उसने उठके उसे माँ की गाली दी और एकाध हाथ भी रसीद कर दिया। बस फिर दोनों भाई चिचिंड़ा पर टूट पड़े।"

"नाक से खून बह रहा था। तुमने देखा?"

"इतने सारे लोग खड़े तमाशा देख रहे थे? जब फटफुटवा ने धक्का दिया तो तुमने रोका क्यों नहीं?"

"मैं क्यों बीच में पड़ूँ? गाली खानी थी क्या?"

आँखों देखा, कानों सुना हाल इतना ही है। सुना बाद में लोग एक-एक करके कादिर मियाँ के पास जमा हुए और हरेक ने उन्हें यही राय दी कि थाने में रपट कर दो। फटफुटवा के मारे मुहल्ले में जीना हराम हो गया है। कुछ तो सबक मिले उसको।

सुना सबकी सलाह सुनने के बाद कादिर मियाँ ने लोगों से कहा—"ठीक है मैं रपट लिखाता हूँ आप लोग भी जिनने देखा है, मेरे साथ चलिए।"

"हाँ हाँ, क्यों नहीं...क्यों नहीं" करते हुए सुरेन, महेन, भीकम सिंह, टीकम सिंह और सारे शुभचिन्तक खाना खाने चले गये। कादिर मियाँ ने सफ़ेद टोपियों का गट्ठर बाँधा और घण्टा दो घण्टा इन्तज़ार करके निकल पड़े। दिन भर सूफिया अकेली सिसकती रही। रात काफी देर में कादिर मियाँ लौट के आये और फटफुटवा को नींद से बाहर निकाल के उसका हिसाब चुकता कर दिया।

सुबह पूरे मुहल्ले ने आश्चर्यचकित होकर देखा—कादिर मियाँ की दूकान खाली पड़ी है और बाप-बेटी दोनों का कहीं पता नहीं है।

पता चला इस्माइल अलीगढ़ वालों ने अपनी कोठी में एक कमरा खाली करके कादिर मियाँ को दे दिया है। इस्माइल अलीगढ़ वाले हमारे कस्बे के रईसों में हैं। 'पासिंग शो' की एजेंसी है उनके पास।

उसके बाद हफ्तों तक कादिर मियाँ हमारे मुहल्ले में नहीं दिखायी दिये और एक दिन सबने सुना वे अपनी सूफिया को ले के शहर छोड़ के चले गये।

इस्माइल साहब का कहना था कि कादिर मियाँ को उनके किसी रिश्तेदार ने काशीपुर में दूकान खुलवा दी है। पर मुहल्ले के लोगों का, खासकर लालू सेठ का कहना था कि इस्माइल अलीगढ़ वालों से कादिर मियाँ की कभी पट ही नहीं सकती थी। कादिर मियाँ उस हादसे के बाद न तो मुहल्ले में रहना चाहते थे, न इस्माइल खाँ साहब का अहसान उठाना चाहते थे। लिहाजा उन्होंने शहर ही छोड़ दिया।

भगवान जाने सच्ची बात क्या थी। मुझे सिर्फ़ इतना याद है कि उस साल दशहरे में हमारे मुहल्ले का रावण नहीं बना। नौ की जगह सिर्फ़ आठ रावणों का जुलूस निकला।

उसका सच

कहानी मेरी नहीं है—किसी और की है, इससे क्या? आपको कहानी से मतलब है या मुझसे? बेशक, यह मुफ्त का माल है तो भी आपके साथ बाँट के खाने की मेरी इस इच्छा का आप क्या करिएगा? जहाँ तक मेरा सवाल है, मेरी अपनी कहानी तो इस एक वाक्य के आगे बढ़ नहीं सकती कि मैं "दस वर्ष से इस कस्बे में बेकार हूँ।" उसमें आपको क्या मज़ा आयेगा जब मुझे खुद ही बेकारी की कहानियाँ बेकार और उबाऊ लगती हैं!

वैसे, यह कहानी जैसी कहानी भी नहीं है। न ही यह वैसी चीज़ मालूम पड़ती है जिसे आजकल 'सत्यकथा' के नाम से जाना जाता है। यह तो एक डायरीनुमा चीज़ है जो 'हिमालय' होटल के एक कमरे में मुझे पड़ी मिल गयी है। पड़ी मिल गयी तो अब यह निजी डायरी कहाँ रही? कहानी जैसी आम और सार्वजनिक हो गयी। यानी ठीक जैसे मेरी, वैसे ही आपकी भी हो गयी।

होटल मैनेजर पाण्डेय मेरा बचपन का दोस्त है। कई साल बेकारी के हमने साथ-साथ काटे हैं। मैं अक्सर वक्त काटने उसके होटल पहुँच जाता हूँ। सदाबहार हिप्पियों की इस होटल पर विशेष कृपा है। मुझे हिप्पियों में दिलचस्पी है। खासकर इसलिए भी कि वे जाते वक्त मेरे दोस्त को कुछ-न-कुछ दे जाते हैं, जिसमें मेरा भी साझा हो ही जाता है। किताबें तो मेरा दोस्त मुझी को थमा देता है। उसे किताबों से कोई लगाव नहीं। एकाध बार ऐसा भी हुआ कि हिप्पी अपनी डायरी तक कमरे में ही छोड़ के चला गया और वह भी मेरे खजाने का हिस्सा बन गयी। ये मुफ्त की किताबें और डायरियाँ मेरे इन बेकार दिनों की कमाई हैं। दूसरों की ज़िन्दगी से ज़िन्दा और मालामाल महसूस करने वाला आदमी बेकार कैसे कहलाएगा? इस तरह देखा जाय तो मैं अपने दोस्त से कुछ कम ही बेकार हूँ जो नाम का ही मैनेजर है : तनख्वाह जो उसे मिलती है, चौकीदार भी सुनके शरमा जायेगा। चौकीदार ही है वह दरअसल। केयरटेकर।

इस दोस्त की बदौलत मुझे अक्सर यहाँ आराम फरमाने को एक खाली कमरा मिल जाता है। मेरे पास अपने काम की ही तरह अपना कमरा जैसी भी कोई चीज़

नहीं है और मेरा दोस्त ज़रूरत के प्रति बेहद संवेदनशील है। मेरा यह खजाना उसी की मेहरबानी का फल है। कल दोपहर की ही तो बात है। मुझे जिस कमरे में उसने भेजा, वह उसी वक्त खाली हुआ था। उस आदमी को मैंने देखा था अपना सामान लेके विदा होते हुए। यह हिप्पी जैसा दीखता था—मुझे इस हिप्पी होटल में आने वाले सभी हिप्पी जैसे ही दीखते हैं तो मैं क्या करूँ—पर वह हिप्पी दरअसल था नहीं। वह तो उसी पहाड़ का आदमी था—यहाँ से सिर्फ़ चालीस मील दूर पर बसे एक दूसरे पहाड़ी कस्बे का, जहाँ पर मेरी ननिहाल है। हो सकता है, वह मेरा दूर का रिश्तेदार भी लगता हो, क्या पता! छोटी-सी बिरादरी में हर कोई हर किसी का कुछ-न-कुछ निकल ही आता है। मैं रिश्तेदारों से बेहद घबड़ाता हूँ। रिश्तेदार ही मेरा नरक हैं और यह कस्बा, यह पूरा पहाड़ मेरे रिश्तेदारों से ही पटा हुआ है। यह होटल—यह हिप्पी हिमालया होटल—ही दरअसल मेरा घर है और मेरा यह तथाकथित घर सिर्फ़ एक होटल। वह आदमी कहीं बाहर नौकरी करता है। बहुत बरसों बाद छुट्टी लेकर अपने घर आया था और अब वापस जा रहा था। रास्ते में दो-एक दिन यहाँ का सीजन देखने रुक गया था। पता नहीं ठहरने को यह हिप्पी होटल ही उसने क्यों चुना। क्या यहाँ कोई रिश्तेदार नहीं होंगे उसके? याकि वह अपनी जन्मभूमि में भी हिप्पियों की तरह भटकना चाहता है? भगवान जाने हिप्पी लोग वैसे होते बड़े मज़ेदार हैं। उन्हें अपने घर से लगाव नहीं होता। उन्हें किसी से लगाव नहीं होता। पता नहीं उनके पास भटकने को इतना पैसा कहाँ से आता है! काश! मैं भी हिप्पी हो सकता! थोड़े दिनों के लिए ही सही।

कमरे में घुसते ही मेरी नजर इस कापी पर पड़ी। तकिये के नीचे से उसका एक कोना झाँक रहा था। एक बार तो मन किया, दौड़के जाऊँ और उसकी कापी उसे सौंप आऊँ। आखिर अपना पहाड़ी बिरादर है! पूरी कापी रँगी हुई थी। लेखकनुमा ढंग से। कितना दुःख होगा उसे, जब वह अपना सामान खोलेगा और यह कापी उसे नहीं मिलेगी? क्या पता वह उपन्यास लिखने जा रहा हो और यह डायरी उसी की तैयारी हो!...दो-एक क्षण अपने असमंजस में मैं कापी हाथ में लिये खड़ा रहा।... फिर चुपचाप बिस्तर पर लेट गया। मेरा कुतूहल मुझ पर भारी पड़ा। पहले पढ़ तो लूँ फिर देखी जायेगी। हो सकता है स्टेशन पर ही उसे ख्याल आ जाये और वह डायरी लेने लौट आये। तब तक मैं पढ़ ही लूँगा, दे दूँगा। नहीं आया, तो ठीक ही है। लापरवाही उसकी है, वही भोगे उसकी सजा। इसमें भला मैं क्या कर सकता हूँ? वे हिप्पी भी तो छोड़ गये थे। कौन वापस आता है अपनी डायरी ढूँढ़ने? और यह भी तो सम्भव है, वह जान बूझकर छोड़ गया हो। कई ऐसी चीज़ें सुना, लेखक लोग छोड़ जाते हैं जिन्हें वे जीते जी नहीं छपाते, पर नष्ट भी नहीं कर पाते। किसलिए? इसीलिए न, कि कोई-न-कोई कभी-न-कभी उसे ढूँढ़ ही निकालेगा और तब एक धमाका होगा जिसकी आवाज़ लेखक को अपनी कब्र में भी सुनायी दे ही जायेगी!

खैर, लीजिए—कहीं से भी शुरू करें—क्या फर्क पड़ेगा? इसने तो तारीखें तक नहीं डाली हैं। बस एक बात जहाँ खत्म हुई, एक बिन्दी भर लगा दी है। वही मैं भी करता चलता हूँ।...

सब कुछ शुरू से ही शुरू करना होगा। तभी मैं क्या हूँ, क्यों हूँ, यह समझ में आएगा। क्यों मैं जो कुछ लिखता हूँ, फाड़कर फेंक देता हूँ? इसीलिए न, कि वह सब झूठ लगता है। सच तो वही होगा जो मेरे समूचेपन में से—मुझे फोड़कर उगेगा।

मैं खुद अपने जीवन से ही आक्रान्त और कुण्ठित हूँ। मैं उसे देखता नहीं सिर्फ़ भुगतता हूँ। अपने जिए हुए से उबरना ही तो पुरुषार्थ है। अतीत को शक्ति का स्रोत बनना चाहिए, न कि पंगुता का। दरअसल मैं एक बुरी तरह फँसा हुआ, लिथड़ा हुआ प्राणी हूँ। क्या यहाँ और क्या वहाँ। ऐसे प्रेम से और लगाव से क्या लाभ, जो आत्मा को इस कदर दुर्बल बनाये! जो पाओ उसे लौटाओ। पर मोह इस सक्रिय ज़िन्दा प्रेम को ही असम्भव बना देता है। मोह कल्पना-शक्ति को भी नष्ट करता है। मोह जीवनी-शक्ति का अपव्यय है, गुलामी है। मुझे साफ़ दिखायी पड़ रहा है कि मेरा पूरा जीवन इस अपव्यय और इस गुलामी का ही इतिहास है।

क्या इसीलिए गीता के अन्त में अर्जुन कृष्ण से कहता है—"तुम्हारे प्रसाद से मेरा 'मोह' नष्ट हुआ : मुझ 'स्मृति' की उपलब्धि हुई।" क्या मतलब हुआ इसका? 'स्मृति' ही असली चीज़ है और यह स्मृति तभी मिलती है जब मोह नष्ट हो जाता है। अपनी 'स्मृति' से च्युत होना ही जीवन के अयोग्य होना है, गुलाम बन जाना है। शायद इसीलिए अर्जुन कृष्ण को "हे अच्युत" कहके पुकारता है।

क्या मुझे भी ऐसे ही किसी 'अच्युत' की प्रतीक्षा है? मोह को नष्ट कर देने वाली स्मृति ही मेरा उद्धार कर सकती है?

कहाँ हैं वे रंग, वे स्वर, वे आकार...जिन्होंने मुझे जीवन की और खुद मेरे होने की पहली-पहली पहचान मुझे करायी थी।

एक जोड़ी आँखें और एक जोड़ी कान जिस जगह पहले-पहल उगे, उसमें घरेलूपन और बनैलेपन की मिली-जुली गन्ध थी। दो मुहल्लों का वह संगम था—पूरे बाज़ार का केन्द्र बिन्दु;—और वहाँ बाज़ार के उत्तर-दक्खिन ही नहीं, माल रोड से मिलाने वाली पछुवा गली और बानड़ी देवी की ओर खुलने वाली—सुबह तड़के ही बाज़ार को धूप से नहला देने वाली—पुरवा गली भी आकर मिलती थी। पुरवा गली से पौरोहित्य और संगीत की तथा पछुवा गली से दीवानी ठाट-बाट और, हाँ बाल्मीकियों के डोले की भी महक आती थी। इन दोनों से कहीं ज़्यादा बहुत भीतर तक रची रहने वाली एक दूसरी दुनिया भी गन्धों की थी : महोबे और कलकतिया पानों की, चीड़ और रामबाँस की, हिसालू-किलमोड़े की, निगाले और भिलमोड़े की, नींबू-आडू-दाड़िम की, आटे की जलेबी और तेल की बूँदी की...

कब किस गली से कौन प्रगट हो आयेगा, कब किस गली में कौन अन्तर्धान हो जायेगा, इसका हिसाब अगर किसी को मालूम था, तो वह था पुरवा गली के मुहाने पर ठुँका हुआ वह चौखुण्डा घड़ियाल, जो एक सदा-जागृत पहरुवे की तरह उस चौराहे की आत्मा को ठोकता-बजाता रहता था। बिना उसे अपनी आँखों का अर्घ्य-चढ़ाए कोई भी आता-जाता उससे पार नहीं पा सकता था। उस घड़ियाल की छाया में दूकान के अन्दर दर्जनों छोटी-बड़ी घड़ियाँ अपने अलग-अलग समयों में ठिठकी नज़र आतीं। और उनके बीचोंबीच हमारे घड़ीसाज काका एक लैन्स आँख पर चिपकाए जमाने भर के कल-पुरजों का निरीक्षण॰करते बैठे रहते। बीच-बीच में रह-रहकर वे अपनी इस समाधि से थोड़ी देर को उबर आते और सामने बाज़ार में चलते-फिरते कल-पुरजों का भी इतने ही मनोयोग से मुजरा लेते। और शाम ढलते ही घड़ीसाज काका को नक्षत्रों की तरह घेर लेती वह छोटी-सी मण्डली...। औरों की ज़्यादा सुनते, अपनी कम कहते वे खास अपने अन्दाज़ में एक टिप्पणी जड़ देते हैं और मण्डली से एक समवेत अट्टहास उठकर बाज़ार की चहल-पहल पर फैल जाता है। चौराहे की आत्मा और वह विशालकाय घड़ियाल भी एकदम चौंककर उठ बैठे हैं...

एक तरफ़ यह बाज़ार था—सदाजाग्रत, साक्षात् और रंगारंग जीवन का मेला—उसका कभी न थमने वाला हिल्लोलित वेग और विस्तार; और दूसरी तरफ़ था एक बदबूदार, सीलनभरा अन्धकार और उस अन्धकार की आँखों-सी खुलीं दो अन्धी खोहें। दो रंग-गन्ध-खचित दूकानों के पिछवाड़े। इसी पिछवाड़े से घर में प्रवेश मिलता था और हर बार घर के रास्ते में उसे वे भुतहा खोहें पार करनी होतीं। उसका नन्हा-सा दिल बड़ी ज़ोरों से धड़कने लगता : पर उन आँखों के बनैले सम्मोहन से कीलित वह हर बार पल दो पल उनके सामने ठिठका रह जाता। फिर चौंककर सपाटे से घर की सीढ़ियाँ चढ़ जाता और बड़ी देर तक हाँफता रहता। भीतर उसके एक अजीब-सी तड़फड़ाहट होती जिसे बाहर निकालने को बेचैन वह बारी-बारी से घर के हर सदस्य को ताकता रहता कि शायद किसी को उन परछाइयों के बारे में पता हो—जिनसे कि वह अभी-अभी मिला था। मगर वही परछाइयाँ उसे वहाँ भी मँडराती दीखतीं।...परछाइयों से परछाइयों के बारे में पूछे तो कैसे? खाते-पीते, सोते-जागते वह अपने ही उस 'रहस्य' में बन्द अकुलाता रहता।

पर घर से बाहर निकलते ही वह जीवन का मेला उसे पूरी तरह घेर लेता और उन परछाइयों को भी घुला देता। वह भूल जाता उन्हें बिल्कुल। पूरी तरह।

यहाँ बाजार में, मुहल्ले में, कहीं भी, किसी के पास पल भर के लिए भी रुको, लगता है वह बन्द पिंजड़े में एक पक्षी की तरह है : गुमसुम, मगर छटपटाता हुआ भीतर ही भीतर...।...बस जरा छूने भर की देर है, वह खाली मेज़ पर ठुँके तार-यन्त्र की तरह बुदबुदाने-बड़बड़ाने लगेगा। बातें ही बातें हैं उसके पास—अनगिनत बातें—जिन्हें, वह जानता है, कोई भी सुनने वाला नहीं है स्वेच्छा से। कविता के उस

शापग्रस्त बूढ़े नाविक की तरह वह भरा बैठा है। उसे एक श्रोता चाहिए—कोई भी, कैसा भी, जिसके सामने वह अपनी ऊब, गुस्सा, नफ़रत सब उलीच सके। अपने आप में बन्द वह एक पूरी दुनिया है : अपनी सामान्यता के बावजूद अजीबो ग़रीब, विशृंखल...। क्या मुझमें इतना धीरज, इतना निस्संग अपनाता है जो उसे पूरी तरह बहा सके, पोर-पोर खोल सके? निर्मल कर सके उसे : निर्मल और शापमुक्त? जैसे ही उसकी आत्मा उसके होठों पर फड़फड़ाती दीखती है, मैं बेचैन हो उठता हूँ : मेरी हालत सचमुच ठीक वैसी ही हो जाती है : कविता के उस अनमने और भयग्रस्त मेहमान की तरह। मैं 'अच्छा भाई'...कहके अपनी राह लेता हूँ और वह भी 'अच्छा'...कहके अपनी कुण्डी लगा लेता है। आखिर वह उस कविता का बूढ़ा नाविक तो है नहीं, जो अपनी जादुई आँखों के टोने से मुझे जहाँ का तहाँ कीलित कर दे! मुझे भी अपने असहनीय अनुभव की छूत लगा दे।

बूढ़े तो बूढ़े, खासे जवान लोग भी यहाँ इसी मर्ज़ के शिकार हैं और एक दूसरी तरह से। उन्हें कुछ नहीं करना है, बस बातें ही बातें बनानी हैं। उनका कुतूहल भी सिर्फ़ कुतूहल है : उथला, जिज्ञासाहीन, और दम्भ से भरा। उनके लिए धरती पर कुछ भी नया नहीं है। सब कुछ बासी और निरर्थक है और वे, सिर्फ़ वे ही सर्वज्ञ, सर्वव्यापी हैं। एक बन्द ज़िन्दगी जीते हुए वे समूचे संसार को, अपनी घृणा में घटा लेते हैं। सब कुछ पालतू बन जाता है उनकी राय में ढलकर, सिकुड़कर। उनका कोई अतीत नहीं है : उनका कोई भविष्य नहीं है। वे वर्तमान को अपनी शिराओं में धड़कता महसूस नहीं करते। किस कदर निष्प्राण और खोखली लगती हैं उनकी उत्तेजनाएँ भी। वे उत्तेजित नहीं होते। सिर्फ़ उत्तेजित किये जाते हैं उस सबसे, जो उसका जीवन कहीं से नहीं है : जो निहायत अनर्गल और फालतू है।

एक मरता हुआ शहर...एक रुका-रुँधा सड़ता-गँधाता जीवन-प्रवाह।...और मैं? क्या मैं खुद इस जीवन और मरण से अलग और अछूता हूँ? मेरी हस्ती क्या है?—एक महज़ फालतू उपस्थिति? एक ग़ैरज़रूरी गवाह भर?

नहीं! मैं कृतघ्न नहीं हूँ। क्या मैं तुम्हारी इस मरती हुई प्रतिभा का—तुम्हारी इस हज़ार-हज़ार परतों तले दबी-घुटी जिजीविषा का गहरे में कायल और इसीलिए वारिस भी नहीं? भीतर के भीतर की कोमलता निजता को भी एक खुदे बेदर्द चौराहे की चौंध में खींच लाने वालो! क्या मैं नहीं जानता कि तुम्हारी इस कुत्सा, इस निष्ठुर परपीड़कता के पीछे भी तुम्हारी संवेदनहीनता नहीं है? क्या मैंने नहीं देखा है इस पूरे मुहल्ले को एक शरीर की तरह धड़कते—जहाँ एक सिरे पर दर्द की लहर उठते ही समूची देह में फैल जाती है? समूचे शरीर को जकड़ लेती है? और फिर भी मैं कहता हूँ, फिर भी मैं पूछता हूँ तुमसे मेरे सगो! तुमने आखिर अपनी इस संवेदना का किया क्या? बनाया क्या? क्या वह इसी तरह एक अन्तहीन उदासीनता और अनर्गल उत्तेजना में—एक निहायत ही कारणहीन और ग़ैरज़रूरी मौत में घुलते रहने के लिए

तुम्हें दी गयी थी?

हाँ, मैं तुमसे पूछना चाहता हूँ तुम जैसे हो, वैसे क्यों हो? क्या तुममें आत्मालोचन का एक सिरे से ही अभाव नहीं? आत्मपीड़न या परपीड़न आत्मालोचन नहीं कहलाता। क्या तुम्हारी यह सर्वव्यापी नफ़रत और उदासीनता कहीं गहरे में आत्म-घृणा ही नहीं है? क्या तुमने कभी एक क्षण के लिए भी इस व्यवस्था पर विचार किया, जिसके भीतर तुम जन्म से लगाके मृत्यु तक साँस लेते रहते हो?...जिसके भीतर तुम्हारा पाप-पुण्य, तुम्हारी घृणा और तुम्हारा प्यार पलता-पुसता है?...जो तुम्हारी नाक में नकेल डालकर तुम्हें यहाँ से वहाँ तक घसीटता है? क्या तुम्हारी निगाह कभी भी अपनी आत्मा के उस अर्क पर गयी जिसे तुम्हारी आँखों में पट्टी बाँधके, दिन-रात एक ही चक्कर में तुम्हारी प्राण-शक्ति को पेरकर निकाला जाता है? वह किसके काम आता है? क्या तुमने कभी सोचा?

कैसे भूल सकता हूँ तुम्हें—श्रुति और स्मृति की अटूट स्पन्दनशीलता में—एक बहुत बड़े जीवन की हलचल में से गढ़े गये तुम...

सबसे पहले तुम—जो हनुमान थे और दशरथ भी। ऐसे कि सचमुच के हनुमान और सचमुच के दशरथ भी तुम्हारी लीला देखते तो छटपटा उठते। दशरथ का घाव फिर से हरा हो उठता और दूनागिरि दुबारा लूटी जाती। अंगद की भूमिका में रोपा गया तुम्हारा पाँव क्या अभी तक वैसा ही अडिग है? वैसी ही अडिग श्रद्धा को इस दुष्काल से झुलसी संवेदना का प्रणाम।

और तुम—जो पता नहीं कहाँ हो, पर यहाँ मेरे स्मरण में तो तुम सदाबहार हो। तुम्हारी स्वर-लहरी मेरे कानों में अब भी गूँजती है—स्वर-लहरी, जिसके हर मोड़ पर मुझे साक्षात् कैकेयी और साक्षात् शूर्पणखा के दर्शन हो जाते हैं। तुम नहीं, तुम्हारी आवाज़ खुद, अपनी बेजोड़ लचक और नजाकत में अभिनेता का धर्म निभाती थी। किस क़दर नाट्यभरी, चुस्त और दर्दीली!

उस्तरे की धार से भी अधिक पैनी 'बिट' के मालिक तुम—जिसकी विनोद-वृत्ति उस्तरा वृत्ति धारण किये आधे नगर पर हुकूमत चलाती थी। अहोभाग्य उसके, और दिन सफल हुआ उसका, जिसकी तुमने हजामत बना दी। बड़े-बूढ़ों के आत्मीय थे तुम, पर बच्चा-पलटन के हर सदस्य की ख़बर रखते थे। भीतर तक गुदगुदा देने वाले तुम्हारे वे पुरलुत्फ लतीफे और संस्मरण...जिनके छींटे हम तक भी पहुँचते ही थे। तुम्हारा आना हमारे लिए उत्सव था। किस क़दर इत्मीनान से तुम नगर-पुराण सुनाते हुए या किसी नये-ताजे प्रकरण की रस-मीमांसा करते हुए अपने जजमान को तब तक चिकनाते रहते थे, जब तक कि वह दर्शनीय न बन जाये। तुम्हारे हाथ में उस्तरा किसी आर्टिस्ट के हाथ की तूलिका से क्या कुछ कम था? हर चेहरा तुम्हारा चित्रफलक था और तुम्हें कर्मरत देखकर भला कौन सोच सकता था तुम किस क़दर

'बिज़ी' हो—कितनी विस्तृत और गहरी तुम्हारी माँग और पहुँच है!

और तुम, जो चतुरलाल और अहमद जान थिरकवा के आशिक हो—आशिक भी उस कोटि के—जिसके सिर्फ़ किसी एकलव्य की व्यथा ही पहचान सकती है। तुम—जिसका चेतन ही नहीं, अवचेतन मन-प्राण भी सदा ताल की धुरी पर नाचता है! ऐसे तुम—कलात्मक अनुशासन की अनिवार्य सीमाओं तक को तोड़ डालने पर आमादा—ओ मेरे लयोन्माद, तुमको मैं क्या कहूँ?

तुमने क्यों आखिर इतना दुर्लभ वाद्य चुना? क्या इसलिए, कि तुम्हारे वाद्य से भी दुर्लभ वह छोटी-सी मोहलत थी, जो तुम कभी-कभार जुटा पाते थे—अपनी अविराम संघर्ष भरी दिनचर्या से? मेरे अलावा और कौन होगा साक्षी, तुम्हारे उस अकेलेपन का! उसको बहलाने के उस क्षणिक उपक्रम का! तन्मयता के उस दुर्लभ क्षण में भी क्या तुम नहीं जानते थे कि तुम्हारी असली जगह इन गायकों और बादकों की महफिल मैं नहीं, जीवन के उस क्रूर संग्राम के बीचोबीच है जहाँ निर्मम प्रहारों के बीच एक आत्मा गढ़ी जाती है?

और उन्हीं के अग्रज तुम—कलाकार की आसक्ति और फकीर की अनासक्ति के बीच अनवरत दोलायमान! तुम, जो अजातशत्रु थे; तुम, जो वाणिज्य और कला-अध्यात्म की दुनियाओं के बीच सदैव ताल-मेल खोजते रहे; पर वह कभी नहीं पा सके। अभिनय तुमसे सधता नहीं था। पर लीला की पुकार की अवहेलना भी कैसे हो! जब भी किसी पात्र की कमी पड़ जाती थी, तुम्हारी ही गुहार होती थी और तुम्हारे सितार की तब छुट्टी हो जाती थी। तुम भूल जाते थे तुम्हें सिर्फ़ अभिनय करना है। इस कदर एकात्म हो जाते थे तुम उस भूमिका से, कि तुम्हारी भावोत्तेजना काबू से बाहर हो जाती थी।

अपने तख्ते-ताऊस पर शहंशाह की तरह विराजमान, ईरानी नैचे की नली मुँह से लगाये हुए तुम्हारा लम्बोदर व्यक्तित्व क्या किसी बड़े गुलाम अली खाँ से कम था? इससे क्या फ़र्क पड़ता है कि तुम न गायक थे, न खिलाड़ी। तुम एक बढ़िया इन्सान थे। कचहरी बाज़ार की शान! नाम से 'ग़रीबुल्ला'—तुम यथा नाम तथा गुण थे। और जिस दिन तुम साँस लेना भूल गये, तुम्हें विदा देने को समूचा शहर बाढ़ की तरह उमड़ पड़ा था। जो सबको हँसाता था, उसके चले जाने पर सारा नगर रो रहा था। कैसे सरल-निष्कपट थे तुम! किस क़दर ज़िन्दादिल! तुम भी याद आते हो, बेसाख्ता याद आते हो। जहाँ कहीं अच्छाई दीखती है, तुम्हारा हँसता हुआ चेहरा उसमें से झाँकने लगता है अपने आप...।

और इस शहर का वह इकलौता चित्रकार!—जिसका जीवन उसकी कला से कहीं ज़्यादा मूल्यवान था। सार्वजनिक अस्पताल उसका घर था। सबसे ज़्यादा गैर ही उसके सबसे ज़्यादा अपने थे। काश! वह अपनी ज़िन्दगी का—अपने अन्तरंग अनुभवों का कोई दस्तावेज़ ही छोड़ जाता। युवा पीढ़ी देखती कि उसकी क्या विरासत

है और वह कहाँ तक उसकी हक़दार है।

तुम खाट से लगे हो और बेहद दुबले हो गये हो। मेरी छुट्टियाँ खत्म हो रही हैं—मैं तुमसे विदा लेने आया हूँ। तुम मुझसे कुछ कह रहे हो—मुझे कुछ नहीं सुनायी देता। इस भयानक रोग ने तुम्हारे कण्ठ-स्वर पर भी कब्ज़ा कर लिया है। पर इस क्षण—इस दर्दनाक और मूक क्षण के भीतर भी सामने मेरे तुम्हारी यह रोगजर्जर देह नहीं, वही तेजस्वी रूप हैं। मेरी कल्पना की आँख में तुम अब भी वहीं परेड ग्राउण्ड पर के. आर. सी. की यूनिफार्म में बिजली चमका रहे हो। हाँ, मैं तुम्हें देख रहा हूँ—एक के बाद एक खिलाड़ी कसे छकाते हुए तुमने वह क्षण आखिर साध ही लिया है, जब तुम एक असम्भव गोल करोगे। ऐसी ही एक सन्ध्या को जादूगर ध्यानचन्द की आँखें तुम्हारी स्टिक की लयकारियों पर टिकी होंगी। और उस महान् खिलाड़ी ने तुम्हारी सम्भावना का साक्षात् किया होगा। उस क्षण की अनन्तता में जियो बिहारी चचा! और रोग पर विजय पाओ। तुमने बड़े-बड़ों को छकाया है फिर यह रोग तुम्हें क्यों छका रहा है? क्या तुम यह व्याधि हो? तुम तो सिर्फ़ तुम्हीं हो—अचूक और अननुमेय...और यही तुम रहोगे हमेशा-हमेशा को हमारे लिए...

...रील की रील खुल रही है...आकृतियाँ ही आकृतियाँ...उनकी आवाज़ें और हरकतें।...जो कभी नहीं चुकेंगी। एक कभी न खत्म होने वाली रील। मेरी क्या बिसात, कि मैं उन सबको समेट सकूँ, उकेर सकूँ इस तरह, कि जिस तरह वे थे और हैं अब भी मेरे भीतर। पर्वत-पाँखुरियों की तरह एक के बाद एक खुलते हुए।

अलविदा!

डायरी यही खत्म है, इसी 'अलविदा' के साथ। इसका जो भी मतलब आप लगायें। आखिर कहना क्या चाहता है यह आदमी! अजीब चक्कर में डाल दिया है इसने मुझे तो। आपको कैसा लग रहा है? मेरा दोस्त मैनेजर पाण्डेय तो बहुत ही भावुक आदमी है। दरअसल...वह भी, मुझे लगता है, अपनी यादों से परेशान है। यादों की क़ैद भी, है तो आखिर क़ैद ही। मुझे भी तो बिल्कुल अच्छा नहीं लगता यहाँ। पर मेरी बात दूसरी है। मैं कोई टूरिस्ट या हिप्पी तो हूँ नहीं। न मेरी ऐसी कोई यादें हैं।

वह अब तक पहुँच भी गया होगा अपने ठिकाने। और डायरी न पाकर परेशान हो रहा होगा। हो सकता है वह यहाँ पूछताछ करे। उसने पता भी तो नहीं लिखा है अपना कहीं। उसे भिजवाऊँ भी तो कैसे? मैं क्या करूँगा उसकी डायरी से। सोचता हूँ पाण्डेय को ही सौंप दूँ। वही, जो उसे करना हो इसका, करे।

मैं डायरी नहीं लिखता, इसका मतलब यह तो नहीं है कि मैं लिख नहीं सकता। पर क्यों नहीं लिखता? एक पाण्डेय के अलावा कोई दोस्त भी नहीं मेरा, कि जिसके साथ मेरी सचमुच बातचीत हो सके। और पाँडे के साथ भी मेरी क्या बात हो पाती है! हज़ारों बातें जो रोज़ मेरे भीतर उठती हैं, कहाँ शेयर कर पाता हूँ

मैं उसके साथ भी! वह हो भी नहीं सकता—उसकी अपनी सीमाएँ हैं जिन्हें वह लाँघ नहीं सकता—चाहे भी तो। पता नहीं क्यों, मुझे ऐसा लग रहा है कि इस आदमी से मेरी बातचीत हो सकती थी। ज़रा पहले ही परिचय हो गया होता तो!...हालाँकि ...खाली परिचय से क्या होता है? वह तो यह डायरी पढ़ने के बाद ही मुझे सूझ रहा है। तो क्या?...कितना अच्छा हो, अगर उसका पता मिल जाय और मैं उसे एक लम्बी चिट्ठी लिखूँ—यह डायरी उसे लौटाते हुए। आमने-सामने कुछ बात बनती नहीं। कम से कम मेरे साथ चिट्ठी-पत्री में शायद मामला रंग पकड़ ले। हो सकता है, उसे पहले अजीब लगे कि किसी ने उसकी डायरी पढ़ ली। पर बाद में हो सकता है, उसे अच्छा लगे। है तो आखिर लेखक टाइप ही। क्यों नहीं अच्छा लगेगा उसे? एक अदद पाठक हासिल करके। क्या सचमुच वह कोई उपन्यास लिखने जा रहा है? पता नहीं क्यों...मुझे कुछ ऐसा लग ज़रूर रहा है। ऐसा हो, तो भी, और नहीं हो, तो भी उसे मेरे साथ डायलॉग करना अच्छा ही लगेगा। आखिर वो भी एकालापी और मैं भी एकालापी। क्या डायलॉग नहीं जमेगा? जमेगा, फिर क्या पता, मैं खुद भी एक डायरी लिखना शुरू कर दूँ। इसकी जैसी नहीं होगी, पर क्यों हो इसकी जैसी? न वो हिप्पियों जैसी ही होगी। मुझे उन हिप्पियों की डायरी पढ़के कभी डायरी लिखने की नहीं सूझी—क्यों? फिर, इस आदमी ने ही क्यों मुझमें ऐसी इच्छा पैदा की है? क्या अजीब है! मैं लिखूँगा ज़रूर डायरी अब...इसके जैसी नहीं, बिल्कुल अपने जैसी। तो क्या मुझे फिर ऐसा इन्तज़ाम भी करना पड़ेगा कि मेरी डायरी अब उसके हाथ पड़ जाए? जैसे कि उसकी डायरी मेरे हाथ पड़ गयी।

रनिंग कमेंट्री

इतवार का दिन और सुबह का वक्त...मैं भीतर ही भीतर फैल, घुल और उड़ रहा हूँ। मुझे कुछ हो रहा है...यह पहली बार ही नहीं है। पहले भी ऐसा हुआ है, पर हर बार ऐसा लगता है, जैसे पहली बार हो रहा है।

घर एकदम खामोश है। बच्चे भी जाने कहाँ हैं। मैं अपने कमरे में खिड़की के पास बैठा हूँ और आसमान ताक रहा हूँ। आसमान भी मुझे ताक रहा है और खिलखिला रहा है। उसकी आँखों में एक अजीब-सी चमक है, जैसी नमी से पैदा होती है। इस बिल्कुल नीली आँख में मेरे देखते-देखते एक बादल बन गया है।

घर बिल्कुल खामोश है, इस कच्चे बादल की तरह। सब कुछ अनहोना है, अनहोना और अप्रत्याशित, फिर भी एकदम सहज। जहाँ चहल-पहल होना तय था अभी कुछ देर पहले तक, वहीं एकदम सुनसान है। और फिर भी नेपथ्य से कुछ ऐसी आवाज़ें आ रही हैं, जो इस सूने मंच को लबालब भर देने को है।

इतवार का दिन और सुबह-सुबह का वक्त। एक दोस्त आने वाला था आज सपत्नीक। वह नहीं आया, उसकी पत्नी और मेरी पत्नी को साथ लेकर मुहल्ले में जो डॉक्टर है पच्चीस रुपये वाला, उसके यहाँ चली गयी। नम्बर लगाके आयी थी। पन्द्रहवाँ नम्बर था। पाँच मिनट भी फी मरीज लगाये तो इतवार की इस सुबह कम से कम तीस तो ज़रूर निपटेंगे। सात सौ पचास की सुबह होगी डॉक्टर साहब के लिए। आखिर गवर्नर का डॉक्टर है, कोई खेल नहीं है।

दोस्त नहीं आया और मैंने भी नहीं पूछा। उसने भी नहीं बताया कि वह क्यों नहीं आया। मैं उसका इन्तजार कर भी रहा था और नहीं भी कर रहा था। मुझे नींद खुलते ही, बल्कि नींद के भीतर से ही कहानी की आहट आ रही थी और वह उपन्यास की आहट भी हो सकती थी, पर दोस्त के आने-जाने से कोई खलल पड़ने वाला नहीं था। वह खुद एक चलता-फिरता उपन्यास है और उपन्यास से उपन्यास टकराये, यह कोई बुरी बात नहीं है। कोई और आ जाता तो ज़रूर बुरा लगता। एक बड़े शहर में इतवार का दिन मुझ जैसे छोटी पूँजी वाले लेखक के लिए अनिष्ट सम्भावनाओं

से एकदम खाली तो नहीं कहा जा सकता, पर दोस्त की बात और है। वह जब भी यहाँ आता है, कुछ दे के ही जाता है। एक-दूसरे के साथ की हमें आदत ज़रूर पड़ी है, पर लत नहीं। आदत विघ्न नहीं होती। उसके मौजूद रहते भी मुझे यह आहट बराबर सुनायी देती।

दोस्त नहीं आया और एक हल्की मीठी-सी निराशा के बाद मैं फिर से आहट सुनने लगा। दोनों बीवियाँ गयीं, उस वक्त नौ बजकर चालीस थे। हड़बड़ाकर ट्रांजिस्टर खोला और स्कोर सुन के बन्द कर दिया। मैं ऐसा कर सका, यही अचूक प्रमाण था कि कहानी आ रही है और उसकी आहट सुनना कमेंटरी से ज़्यादा ज़रूरी है। कमेंटरी से ज़्यादा ज़रूरी यूँ मेरे लिए कुछ नहीं है। बचपना कहो, कुछ भी कहो, यह जो मैं लिखना सीखने बैठा हूँ और एक आहट का पीछा कर रहा हूँ, यह भी बचपना नहीं तो क्या है? यह उससे भी पुराना बचपना है और जब भी मुझ पर उतरता है, कुछ ऐसी ढील दे देता है कि मैं अन्दर ही अन्दर घुलने, फैलने और उड़ने लगता हूँ। बस, एक वाक्य काफ़ी होता है मुझे पकड़ रखने को। जैसे यह इतवार का दिन और सुबह का वक्त। यह पूरा वाक्य भी कहाँ है? पर आईने की तरह चमक रहा है। यह मैंने नहीं लिखा है। कमेट के गाढ़े घोल में निंगाले की कलम डुबोकर कालिख-चिकनी पाटी पर जब पहला अक्षर मैंने लिखा था, तब जैसा मुझे लगा होगा, वैसा ही कुछ हुआ होगा, जब यह वाक्य आकर मुझे लगा।

"...बोल्ड! यस... क्लीन बोल्ड। ह्वाट ए लवली बॉल फ्रॉम वेंकट...जस्ट नाउ वी वैर टाकिंग ऑफ द ग्लोरियस अंसर्टेनिटी ऑव क्रिकेट। एंड नाउ आस्ट्रेलिया इज सिक्स डाउन फॉर जस्ट वन हंड्रेड एंड फिफ्टी एट रन्स..."

मज़ा आ गया। थोड़ी देर बाद फिर लगाऊँगा। लो पत्नी भी आ गयी। अकेली है। दोस्त की बीवी गयी। नर्ब्ज की ही गड़बड़ी है। नुस्खा लिख दिया है। अगले इतवार को फिर आयेगी। चावल ले के रखेगी। कल उठवा लेना होगा। चीनी का पता चलायेगी। पत्नी मुस्करा रही है। ट्रांजिस्टर कैसे बन्द है? हाँ, अब समझ में आया। वह भीतर चली गयी है। फिर एकाएक वापस आँके ट्रांजिस्टर उठा लेती है और उसे खोलते-खोलते ही मेरे चेहरे पर लिखा स्कोर पढ़ लेती है और ट्रांजिस्टर लेके सीधे रसोईघर में चली जाती है।

सिर्फ़ एक वाक्य। और वह भी बेमतलब। ग्लोरियस अंसर्टेनिटी। सम्भावना भरी अनिश्चितता...कुछ भी हो सकता है। बारिश हो सकती है। पूछ में आधे घण्टे को ही सही, सिर उग आ सकता है। बाजी उलट सकती है। खेल यानी खेल। जीवन-मरण का सवाल। फिर भी खेल, विशुद्ध खेल। वह भी तो खेल ही था। क्रिकेट का नहीं, फुटबाल का। 'नरक में दो मध्यान्तर' पोलिश फिल्म। यातना शिविर में एक प्रसिद्ध फुटबाल खिलाड़ी। नाजी कर्नल का बॉस आने वाला है। हिटलर के जन्म-दिवस पर कोई मनोरंजन चाहिए। उसे एक आइडिया सूझता है। फुटबाल का

मैच कैदियों और नाजी सैनिकों के बीच। वह उस कैदी खिलाड़ी को बुलाता है। कैदी खिलाड़ी अपना मौका ताड़ता है। मौत के किनारे लगे नर-कंकालों में उत्साह की लहर दौड़ जाती है। बन्दी खिलाड़ी बड़ी मुश्किल से अपनी टीम बनाता है। कर्नल अपनी प्रेमिका और बॉस के साथ बैठा मैच देख रहा है। यह कैसा मैच है? यह कैसा फुटबाल है। नाजी सैनिक हार गये हैं। बन्दियों का हर्षोन्माद अपनी पराकाष्ठा पर। कर्नल इशारा करता है और मशीनगनें चालू हो जाती हैं। विजयी खिलाड़ी ढेर हो जाते हैं।

कान लगाकर सुनता हूँ...पच्चीस साल हो गये मुझे क्रिकेट का बल्ला छुए। फिर भी उसके कीटाणु अभी खून में मौजूद हैं और कमेंट्री कान में पड़ते ही बौखला उठते हैं, पर रसोईघर से जो आवाज़ आ रही है, वह कमेंट्री नहीं, गाने की है। दो बजकर पाँच मिनट। आखिर माजरा क्या है?

खिड़की से एक झोंका। हल्की-झीनी बारिश। बारिश में कोई दम नहीं। बारिश की जैसी लय नहीं। जैसे राक्षस की माया हो। पत्ते फड़क रहे हैं मगर। दीन-हीन भुजाओं की तरह पत्ते खूब फड़क रहे हैं। ट्रांजिस्टर पास आ रहा है, पर बैठक में घुसने की बजाय सोने के कमरे में चला गया है...छत्तीसगढ़ में इस साल जो सूखा पड़ा है, वह अभूतपूर्व है। गाँव के गाँव खाली करके लोग शहरों की तरफ़ भाग रहे हैं। एक मन्त्री महोदय ने कहा, "केन्द्र को छत्तीसगढ़ में क्या हो रहा है, इसका कोई अन्दाज नहीं है।" नहीं होगा, पर मेरे दोस्त की बीवी को केन्द्र और मन्त्री महोदय से कहीं ज़्यादा अन्दाज है। अन्दाज क्या, पूरा पता है। वह अपने लिए पाँच और हमारे लिए दो कट्टे काली मूँछ चावल के आज ही खरीदकर डाल देगी। वादा करके गयी है। उसी ने हमें बताया है अभी साढ़े तीन है। पन्द्रह दिन बाद साढ़े-पाँच हो जायेगा। बाज़ार के बारे में उसकी भविष्यवाणियाँ एकदम खरी उतरती हैं। बाज़ार और उसकी नब्ज के बीच एक अदृश्य तालमेल है। उसकी आशंकाओं का पुलिंदा आज सुबह खासा भारी था। चीनी भी जमा करनी होगी। इंडेन वाले हड़ताल पर जा रहे हैं, सो मिट्टी का तेल भी जमा करना होगा। प्याज एक बोरा रख लिया है। चौथाई हमें भी देगी।

ट्रांजिस्टर बोलता था, लोग भाग रहे हैं। भागकर कहाँ जायेंगे? रायपुर या रायगढ़? वे दिल्ली क्यों नहीं भागते? दिल्ली पर क्यों नहीं चढ़ बैठते? बादल को क्यों नहीं मारते? सूरज को क्यों नहीं मारते? हवा को क्यों नहीं मारते? मेरी कहानी को क्यों पीटते हैं? मेरी कहानी ने उनका क्या बिगाड़ा है? ये कहानी के बीचोबीच छत्तीसगढ़ कहाँ से घुस आया? कहानी की आहट मुझे छत्तीसगढ़ से नहीं आई थी। मेरे घर से आई थी। छत्तीसगढ़ मेरा घर नहीं है। मेरा घर पहाड़ में है। उसे न पानी गला सकता है, न सूरज सुखा सकता है। वह आत्मा की तरह अवध्य है। उस पर कोहरा छाया रहता है। मैं उस कोहरे को भेदना चाहता हूँ। जिस कोहरे के पार मेरा

घर है। लोग भाग के कहाँ जायेंगे? छत्तीसगढ़ मुझे पाल रहा है। पिछले पच्चीस सालों से वह मुझे रोज़ काली मूँछ खिला रहा है। और काली मूँछ का भाव, मेरे दोस्त की बीवी कहती है, चुनाव से पहले-पहले ही साढ़े-पाँच रुपये किलो हो जायेगा। पर कोई चिन्ता नहीं। ये दो कट्टा चावल हम साल भर खींच ले जायेंगे। बस, मेहमानों की दया बनी रहे। काश! लोग कुछ महीनों के लिए चींटी बन जाते। फिर मैं पूरा छत्तीसगढ़ अपने घर में बुला लेता और अगली फसल तक उन्हें आराम से खिलाता-पिलाता। इस असार संसार में जहाँ मैं खुद ही चार दिन का मेहमान हूँ, जिस दिन लगातार तीन दोस्त भी आ के चाय पी जाते हैं, ऐसा प्रतीत होता है, जैसे सारी दुनिया मेरा दरवाज़ा फोड़ रही है। खर्चे जैसे खर्चे हों तो कोई कटौती भी करे। कटौती में क्या-क्या कटौती करूँ?

वाह रे कहानीकार! वाह रे कच्चे चिट्ठे! तू इसी की आहट सुन रहा था? तेरे इस दलिद्दर से कहानी मालामाल होगी? इससे कहीं अच्छा तू रद्दी क्यों नहीं बेचता? उठा एक खड़खड़ी साईकिल और लगा बजरबट्टू के नाम पै गली-मुहल्लों का एक चक्कर रोज़। तेरा गुजारा हो जायेगा। आजकल रद्दी बहुत महँगी है। यह जमाना ही रद्दी का है, पर सचमुच की रद्दी का। इस झूठ-मूठ का नहीं, जो तू खामखाह झोंके जा रहा है। तू न घर का, न घाट का। न हाट का, न बाट का। तू किसकी बात कर रहा है? पहले अपने गिरेबान में मुँह डाल के तो देख।

देखता हूँ, अभी देखता हूँ...प्यारी बहनो! प्यारे भाइयो! मैं न तो कोई कवि हूँ, न कोई कहानीकार। आप ही के खून और पसीने का बना पुतला हूँ। आप ही का दिया हुआ रूखा-सूखा खाता हूँ, ठण्डा पानी पीता हूँ और आप ही से सुनी हुई गालियाँ और भजन गुनगुनाता हूँ। आप ही की दी हुई बारहखड़ी रोज़ सीखता हूँ और सही-गलत जो भी बुदबुदाता हूँ। क्या करूँ, वह कहानी बनने लगता है, कविता बनने लगता है और छप-छप करने लगता है। अब आपसे क्या छिपाना! मैं जिसके गुन गाता हूँ, उसी के यहाँ सुनवाई नहीं, तो औरों की क्या बात करूँ? एक प्रकाशक पटाया था और ज़िन्दगी भर की कमाई, मेहरबान! जरा गौर करें, ज़िन्दगी भर की कमाई कुल बारह कहानियाँ! और ऐसी-ऐसी कहानियाँ, जिनमें चुटकुले भी डूब मरे, उपन्यास भी पानी भरे और सोरठे भी लजा जायें...क्या-क्या नहीं था उनमें। उनमें जेठ की लू, भादों का घमासान, बाड़मेर की चिलचिलाहट, डिब्रूगढ़ की डबडबाहट, पूस की शीत लहर, हैजे की तेजी, चेचक की उछाल, तपेदिक की लालिमा, डिहाइड्रेशन की कालिमा, फूले पेट, गड़हा आँखें, भिनभिनाती मक्खियाँ, पिनपिनाते मच्छर और हिनहिनाते लोग, सदाबहार पिस्सू, सदाबहार हरामखोरी, बेइन्तहा गऊपन और बेइन्तहा सियारपन—क्या-क्या नहीं था आपके आस-पास, अन्दर-बाहर, ऊपर-नीचे, जो-जो बीमारियाँ और जो-जो बदमाशियाँ हैं या हो सकती हैं, उनका सबका अचूक निदान और इलाज-टीका तक उनमें ठूँस-ठूँस के भरा हुआ है और वो हरामखोर चौथी

बार कह रहा है, इस साल नहीं, अगले साल। अरे, अगले साल की औलाद! अगला साल किसने देखा है?...तू तो साँडे का तेल छाप, नेताओं की चड्डी और कबड्डी छाप, बुद्धिजीवियों को बियर पिला, बुलंद दरवाज़ा अपनी फतेहपुर सीकरी का और तरण-ताल में घुसकर ग्यारह सपनों का देश देख। तू क्या करेगा मेरी जहालत छाप के? कागज़ महँगा हो गया है। बेशक महँगा हो गया है। चुनाव आते-आते अभी और महँगा हो जायेगा। इस मुल्क में सिर्फ़ एक आदमज़ात सस्ता है। बाकी सब महँगा है।

क्या होगा छप के? और क्या होगा नहीं छप के? हमसे कई गुना कचरा वे लोग पैदा करते हैं और फिर भी साफ़ रहते हैं। नदियाँ भले ही उनकी कोलतार हो गयी हों। हर दिन ताजा माल चाहिए तो कचरा भी उसी हिसाब से होगा। क्यों नहीं होगा? जिसे मज़ा भोगना है, उसे कर्जा भी भुगतना पड़ेगा। मगर फर्क है भाईजान! इस कचरे में और उनके कचरे में। भीतर का फेंटा भी वहाँ बाहर के फेंटे की तरह उतनी तेजी से घूमता है और सबको एक साथ घुमाता है, सुदर्शन चक्र की तरह। उससे कोई नहीं बच सकता। उस कचरे को भी देखा? कितनी तेजी से चक्कर लगाता है? वह चक्कर ही उन्हें उबारेगा। वह भूसी की आग नहीं है, दावानल है दावानल। हमारी सुस्ती की तरह उनकी तेजी भी अमर है। यहाँ जो तेजी है, वह करोड़ों की सुस्ती पर सवारी गाँठती तेजी है। अब यह नहीं चलेगा। ऐसे नहीं चलेगा? सुना आपने मेहरबान! मैं यह नहीं चलने दूँगा। यह हरामजदगी है। और मैं इसे बराबर करके रहूँगा। या तो सब तेज हों या फिर सभी सुस्त हों।

इतवार का दिन...और दोपहर, नहीं तिपहर का वक्त। यह हमारा लंच-टाइम है, जो खिलाड़ियों का टी-टाइम होता है। बारिश भी बन्द हो गयी। शुरू कब हुई थी? रसोईघर की खिड़की से आसमान को देखता हूँ। ज़मीन से पूछता हूँ। ज़मीन कुछ भी पता नहीं देती। हवा ही छू के बता रही है कि देखो कुछ तो भीगी हूँ। कमाल का संयोग है कि इधर यहाँ बारिश शुरू हुई, उधर वहाँ कमेंट्री ठप्प। ट्रांजिस्टर खोलता हूँ, 'आल आउट' की उम्मीद में। लो, बारिश वहाँ चालू है और खेल अब भी रुका हुआ है। खाना खाते-खाते कमेंट्री सुनने का चाव था। बारिश पर बेतरह गुस्सा है। जहाँ होनी चाहिए, वहाँ नहीं होती और जहाँ नहीं होनी चाहिए, वहाँ खामखाह लगातार। मद्रास में भला बारिश की क्या ज़रूरत थी। और वह भी आज आखिरी दिन। क्या सारे हिन्दुस्तान को इसी वक्त बारिश बदी है?

"चलो, बारिश कहीं तो हो रही है। मद्रास में ही सही।" पत्नी खाना परोसते हुए कहती है। उसे कमेंट्री का मलाल नहीं है। उसका ख्याल है कि हॉकी और क्रिकेट के मामले में मैं शर्मनाक हद तक संकीर्ण और राष्ट्रवादी हूँ। कहीं वह इस वक्त भी वही 'टची' राग न छेड़ दे, मैं कुमुद बेन का किस्सा चला देता हूँ। कुमुद बेन का नाम सुनते ही उसकी तबीयत मस्त हो जाती है। वह उत्साहपूर्वक डॉक्टर से उसके

साक्षात्कार की तफसील में जा रही है। अन्त में वह बताती है कि डेढ़ सौ के नुस्खे में इस बार भी तुम देखना, वही दस रुपये की न्यूराल्जिन आयेगी और महीने भर तक चमत्कार दिखायेगी। मैं प्रेम से मुस्कराता हूँ। हम दोनों को मालूम है कि कुमुद बेन पिछले साल भी इसी तरह प्रान्तीय कीर्त्ति के डॉक्टर के यहाँ से इन्हीं दिनों डेढ़ सौ का नुस्खा बनवा के ले गयी थी। हम दोनों को मालूम है कि दवाई तब भी सिर्फ़ दस रुपये की आयी थी। मगर पच्चीस रुपये की फीस और डेढ़ सौ के नुस्खे का असर होकर रहा और महीने-भर तक कुमुद बेन भली-चंगी दिखती रही। वही दस की दवा वह सरकारी आउटडोर से मुफ्त में लिखा के लाती तो कोई असर नहीं होता। दोस्त भी स्कूल मास्टर ही है। उसके हाथ में भी ठीक मेरी तरह कुल साढ़े छै सौ आते हैं। के. जी. टू. में पढ़ता है लड़का। सो साठ रुपये महीने उस पै निछावर हो जाते हैं। हम दोनों इस बारे में एकमत ही हैं कि बच्चा कम-से-कम ऐसे स्कूल में पढ़े, जो कम-से-कम वैसा तो हो, जैसे हम लोग पढ़े थे। वो अंग्रेजों का जमाना था और हिन्दी स्कूल में पढ़के भी हमारी अंग्रेजी चौपट नहीं हुई थी। तब अंग्रेजी स्कूल थे ही कहाँ? अब हालत ये है कि राजधानी के इस शहर में हिन्दी स्कूल जिसे कहा जा सके, एक भी नहीं है। कुछ हिन्दी स्कूल ज़रूर हैं, पर उनमें पढ़ाने वाले तीन सौ रुपल्ली के मास्टर भी अपने बच्ची को वहाँ नहीं पढ़ाते। दूसरे सिरे पर 'सेंट टॉमस' और 'सेंट मेरी' जैसे स्कूल हैं, जहाँ नब्बे रुपया फी बच्चा लगता है। इन दोनों ध्रुवों के बीच में कुछ मध्यमार्गी स्कूल हैं, जो अंग्रेजी की देसी नकल हैं और जहाँ पचास से साठ रुपये फी बच्चा लगता है। तो हमारे जैसे लोग वहीं अपने बच्चे पढ़ाते हैं। कान्वेंट से कुछ नीचे और सरकारी दड़बों से कुछ ऊपर, यही अपनी हैसियत है। सोचिए, जब शिवरतन बाबू पाँच सौ माहवारी और छै बच्चों वाले तक मुफ्त की सरकारी प्राइमरी पाठशाला को छोड़कर 'बाल निकेतन' में बच्चे पढ़ा रहे हैं तो हम क्यूँ नहीं पढ़ायेंगे! मज़ा देखिए कि शिवरतन बाबू बड़े संस्कारी आदमी हैं और सरस्वती स्कूल उनके संस्कारों के ही मुताबिक है, पर उसमें अपने लड़के को वे भी नहीं भेजते। हाँ, पत्नी उनकी ज़रूर सरस्वती स्कूल में पढ़ाती है। जरा समझिए इस बात को। इस मिश्रित व्यवस्था और मिश्रित चरित्र को, जो सरस्वती स्कूल भी नहीं चाहता, सरकारी स्कूल भी नहीं चाहता और अंग्रेजी स्कूल भी नहीं चाहता। पर जब पाता है कि वह जो चाहता है, उसका कहीं पता नहीं है तो वह समझौता करता है। समझौता किसके साथ? सरकारी दड़बे के साथ नहीं, सरस्वती स्कूल के साथ भी नहीं। वह समझौता करता है उस अंग्रेजी स्कूल के साथ, जो न अंग्रेजी स्कूल है, न हिन्दी स्कूल, बल्कि दोनों का वर्णसंकर है।

मद्रास की बारिश का पता नहीं, अब क्या हाल है। ट्रांजिस्टर अभी भी खामोश है। मेरा दोस्त क्यों नहीं आया? उसके के. जी. टू. के लड़के को विश्व क्रिकेट के बारे में गावस्कर से ज़्यादा पता है। यह पीढ़ी कमाल करेगी। क्या मेरे दोस्त को भी

आहट मिल गयी थी कि मैं कहानी लिखने जा रहा हूँ। वह भी तो भूतपूर्व लेखक है। जब तक लिख सकता था, लिखा और खूब लिखा। अब वह नरक में फुटबाल खेल रहा है और बिना मध्यान्तर के खेल रहा है। मेरे यहाँ आता तो मध्यान्तर उसे मिल जाता। पता नहीं, उसे क्या हुआ? अब तो उसका आना भी दिनोंदिन कम होता जा रहा है। मैं तो खैर उसके यहाँ जा ही नहीं पाता। मैं अपना लिखा सबसे पहले उसी को सुनाता हूँ। पुरानी आदतें जरा मुश्किल से ही छूटती हैं। पन्द्रह साल पहले जब मैं नया-नया रंगरूट था, वह एक मशहूर शायर था और मुखपृष्ठ पर छपता था। अब मैं इस ट्यूबलाइट की तरह साल-दर-साल बेशर्मी से जले जा रहा हूँ और वह एक अँधेरी बस्ती के फटे बल्ब की तरह लटका पड़ा है। दस साल पहले उसने एक पर्ची भिजवायी थी, जिसका अन्त कुछ इस तरह का था :

> "मेरे अज्ञातवास की
> अब कितनी अवधि शेष है प्रभु!
> वह पेड़ कहाँ होगा जिसमें
> मैंने पिछले जन्म की
> जिजीविषा लटकायी थी?"

मगर जहाँ तक मुझे मालूम है, प्रभु के यहाँ अभी तक उसकी कोई सुनवाई नहीं हुई है। वह खुद तो बीमार रहता ही है, उसकी बीवी भी असाध्य वीणा है। चौदह साल पहले मैं उसकी बारात में गया था। बारह साल से उसका यह अज्ञातवास चल रहा है। हम बहुत कम मिल पाते हैं। उसकी छुट्टी बीतती है ग्वालियर के होम्योपैथ या इन्दौर के राजवैद्य या बम्बई के ग्लैंड-सर्जन के यहाँ, अपनी उस असाध्य वीणा को लेकर।

तो...चिपौक के मैदान पर...जहाँ शायद ही कभी कोई खेल बिना फैसले के खत्म हुआ हो, हम पूरी उम्मीद करते थे, एक रोमांचक खेल देखने को मिलेगा और चिपौक की परम्परा में इस टेस्ट का भी फैसला होके रहेगा। मगर अफसोस के साथ आपको यह बताते हुए कि वर्षा के कारण आस्ट्रेलिया और भारत के बीच पहले टेस्ट के अन्तिम दिन का खेल बिना फैसले के समाप्त हो गया, मैं आर. पार्थसारथी आपको वापस ऑल इण्डिया रेडियो के स्टूडियो में ले चलता हूँ।

जाड़े की एक दोपहर

जाड़े की एक दोपहर। छत पर छितरी हुई क़िताबों का मलबा...और उस मलबे के पास थोड़ी खुली जगह में पसरा एक आदमी। अधमुँदी आँखें शायद आसमान में टँकी हैं या वहाँ भी नहीं टँकी हैं। पास ही पड़ोस का एक पीपल सरसरा रहा है। आदमी पर उसका असर लोरी-सा हो रहा है। कहना मुश्किल है, वह कितना जगा हुआ है और कितना सोया हुआ। शायद हल्की-सी ऊँघ हो।

अचानक पीपल बड़े ज़ोरों से बजने लगा। कबूतरों से भरा हुआ एक पूरा आसमान...तिरछा और कटा-पिटा बाज़ार का आसमान और फिर भी भरा-पूरा और इस क़दर नीला, कि चू पड़ेगा जैसे अभी...सुबह की धूप में उड़ती बाज़ार की चहल-पहल पर। पत्थरों, मुँडेरों और हवा में छितरे तमाम फैले-सिमटे पंखों पर—हज़ारों हज़ार उजले, सलेटी और स्याह पंख...पालतू, और फिर भी अपने पालतूपन से बेख़बर, वह सुबह-सुबह की उत्सुक अधीर सर्वव्यापी फड़फड़ाहट, जो एक पूरे मुहल्ले को अपनी चोंच में दबाकर कहीं उड़ा ले जाना चाहती थी—कहाँ? बाज़ार के आखिरी सिरे पर, बाज़ार के कन्धों पर सवार उस पहाड़ी के जंगल में—जहाँ बेशुमार पेड़ हैं और बेशुमार पत्थर। पेड़ों और पत्थरों की खान यह पूरा मुहल्ला, यह समूचा शहर उन पत्थरों और उन पेड़ों की ही देन है। दूकान पर अक्सर जब कोई ग्राहक नहीं आता था तो आँखें उसी पर टँक जाती थीं। कानों में कबूतर और आँखों में वह जंगल—जो उतनी दूर पर भी—मानो उसकी दीठ का ही स्पर्श पाकर हिलने-डुलने लगता। अपनी गहरी नींद में ही। नींद जो अभी उठेगी—नीले आसमान में नहाएगी और बाज़ार की सैर को निकल पड़ेगी।

जंगल बाज़ार और पंख। पंखों की फड़फड़ाहट और चीड़ों का रोमहर्ष। बचपन का आसमान। कहाँ गये होंगे वे उतने सारे कबूतर। और उतने सारे चीड़! अब तो पहचान में भी नहीं आती वह खुजली की खाई हुई, जगह-जगह से छिली-उघड़ी पहाड़ी की पीठ! किसने चर डाला उसे? किसकी अन्धी भूख ने?...अधमुँदी आँखें एकाएक पूरी तरह खुल गयी हैं। आदमी आँखें फाड़े जाने क्या देख रहा है।

पीपल फिर बज रहा है...बीच में खामोश था शायद। छत पर कुछ लगातार फड़फड़ा रहा है। मगर उससे बेख़बर वह अपनी नींद में से चौंककर सुन रहा है उस कव्वे को, जो अभी कुछ देर पहले छत की मुँडेर पर बैठा लगातार चिल्ला रहा था और अब वहाँ नहीं है। शायद पीपल पर जा बैठा हो। किसको बुला रहा था वह? जिसकी प्रतीक्षा थी, वह अब नहीं आयेगी। हफ़्ता भर हो गया रोज़ रास्ता देखते। पचीस तारीख़ है आज। पन्द्रह को उसे आना था। बचपन के दोस्त को, जो यहाँ कभी नहीं आया। जो हर साल आने वाला होता है और कभी नहीं आता। भाड़ में जाये वह और भाड़ में जाये वह भावुकता, जो जाड़े की इन दुपहरियों में छत पर लेटे ऊँघते उसे अक्सर दबोच लेती है।

यह पीपल बहुत बोलता है, बहुत ही शोर करता है। और चुप होता है तो ऐसे, जैसे जनम-जनम का गूँगा हो। चुप्पी कितनी अखरती है तब! अजीब है यह पेड़ भी, और अजीब हैं इसके क़िस्से। सुना अच्छी-भली इमारत में भी कहीं पीपल का बीज पड़ जाये तो तड़का के रख देता है उसे भीतर ही भीतर वह। और अभी यहाँ इस आँगन में, खुले आसमान के नीचे कितना भोला लग रहा है। कितना प्यारा और मगन अपने आप में, पोर-पोर नाचता हुआ...हर पत्ता जैसे पंख हो और आसमान में उतरा हो। फ़रिश्ते की तरह। क्या इसीलिए इसे पूजते हैं? यहाँ की बात और है, मगर क्या अजीब संयोग है कि वह जहाँ-जहाँ भी गया-रहा, वहाँ-वहाँ यह पीपल उसे ज़रूर मिला। कहीं अपने ठीक सामने, तो कहीं आस ही पास पड़ौस में। मानो वह अपने घर का पीपल, जो घर के साथ ही बिक गया था और उसके तुरन्त बाद ही नये मालिकों द्वारा उखाड़ दिया गया था—वही उड़ता-उड़ता उसका पीछा करता रहा होगा। इन सारी जगहों में, इन सारे बरसों के दौरान, घर के भेदिये की तरह...

उसे किसकी प्रतीक्षा है? उसे किसी की प्रतीक्षा नहीं है। फिर भी कहीं भीतर एक दुराशा अभी तक दुबकी है जो उसके बावजूद उसे चंचल बनाये दे रही है और अब वह सचमुच जाग गया है—पूरी तरह घिर गया है—अपने आसपास की उस फड़फड़ाहट से, जो जाने कितनी देर से उसे बाहर खींचने की कोशिश कर रही है। पीपल के शोर में घुली, पीपल से बिल्कुल अलग इस फड़फड़ाहट को अब वह जैसे पहली बार पहचान रहा है, पहली बार नाम दे रहा है और एकाएक झटका लगा हो जैसे, हड़बड़ाकर उठ बैठा है। विमूढ़ और बदहवास।

आँखें आसमान से लौटके ज़मीन पर वापस आयी हैं। थोड़ी चौंधियाई-सी। आस-पास की फड़फड़ाहट से बुरी तरह चौंकी हुई। देखने लायक दृश्य है। खासी भगदड़ मची है। पचीस साल का संचित पुण्य एकबारगी छूट निकला है। सारे बाँध तोड़कर। पीपल उसका गवाह है। उसे भी शायद मज़ा आ रहा है इस अजीबोग़रीब खेल में। हज़ारों हाथों से तालियाँ बजा रहा है वह, इस मज़ेदार नाटक पर एक मुखर टिप्पणी की तरह या पार्श्व-संगीत की तरह। और सूत्रधार बौख़लाया हुआ है...अपने

सर के बाल नोंच रहा है। अभी थोड़ी देर और। फिर शायद वह भी नाचने लगेगा। इस छत की प्रेतलीला में उसकी भूमिका क्या है, यह उसकी समझ में आ जायेगा। और बाकी सारी छतें इस घटना से बिल्कुल बेख़बर, यूँ ही धूप में अलसाती पड़ी रहेंगी।

हाँ तो, पुताई वाले दिन घर की सारी क़िताबें ऊपर लानी पड़ती थीं। साल में कम-से-कम एक बार तो उन्हें भी धूप दिखानी ही पड़ती है। हफ़्ते भर से भी कुछ ज़्यादा ही हुआ होगा उस बात को। अब भी ज़्यादातर हिस्सा उसका छत पर ही बिखरा पड़ा है और जहाँ-तहाँ फड़फड़ा रहा है। कुछ तो उसमें का सारे बन्धन तोड़कर छत की चारदीवारी से टकराता हुआ यहाँ से वहाँ दौड़ रहा है। मनचाही दिशाओं में भागता और चक्कर काटता।

तभी एक पन्ना कूदता-फाँदता आया और उसके तकिये के सहारे टिक गया। यूँ ही अनमने भाव से उसने उसे उठाकर देखा तो वह बुरी तरह चौंक पड़ा। वह 'एसेज़ आव इलिया' का एक भुरभुरा और जगह-जगह से चिरा हुआ पन्ना था। सौ साल पहले छपा यह दुर्लभ संस्करण इसने एक कबाड़ी की दूकान से महज़ आठ आने में खरीदा था। इसी की ख़ातिर उसने पहली और आख़िरी बार अपने बच्चे को बुरी तरह पीटा था। क्योंकि उसने उसे उलटा-पुलटा था और उसके उलटने-पलटने भर से भुरभुरा पन्ना न केवल अलग हो गया था, बल्कि चूरा भी हो गया था। आज तक किसी को उसने हाथ तक नहीं लगाने दिया। और तब उसे याद आया कि उस दिन भी हवा बहुत तेज़ थी। सैंकड़ों की तादाद में सीलन लगी, दीमक खायी क़िताबों का ढेर लगा था। कई ऐसी क़िताबें थीं जिनके पन्ने अलग हो गये थे और कुछ उसने बाकी को दीमक से बचाने के लिए खुद ही अलग कर दिये थे...कई पन्ने ग़ायब भी थे। उन्हें मिलाने देखने की फ़ुरसत ही कहाँ थी। शाम तक किताबें वापस अलमारियों में जमा देनी थीं। कई ऐसी क़िताबें जिनमें ज़्यादा सीलन या दीमक लगी थी, उसने वहीं पड़ी रहने दी थीं। कुछ-कुछ इस ख़्याल से भी कि छुट्टियों की दोपहर छत पर लेटे-लेटे उन्हें पढ़ा भी जा सकेगा। क़िताबों से घिरा रहना उसे यूँ भी अच्छा लगता है। कितनी ऐसी क़िताबें थीं जो उसने कितने चाव से बरसों पहले इकट्ठा की थीं। उन दिनों वह साल में दस-बीस क़िताबें खरीद ही लेता था। अब तो बरसों हो गये एक भी किताब खरीदे। जाने कितनी किताबें थीं जो पढ़ी ही नहीं गयी थीं और पढ़े जाने के इन्तज़ार में अकड़ी जा रही थीं। कितनी ऐसी थीं जिन्हें दुबारा पढ़ना ज़रूरी था। याददाश्त जो पहले सूप थी, अब चलनी हो गयी है, जैसे, कुछ भी नहीं अहकता उसमें। क़िताबों की धूल झाड़ते-पोंछते वह बेहद उदास हो गया था। लगा था नाहक़ इतना टण्टा उठा रहा है। अब वह कभी इन्हें नहीं पढ़ सकेगा। कबाड़ी शायद उससे ज़्यादा जतन कर सकेगा इनका।

वह उठा और भागते पन्नों को जहाँ-तहाँ से बटोरने लगा। बन्द और खुली क़िताबों को उसने एक जगह जमा कर दिया। बिखरे हुए पन्नों पर एक बड़ा पत्थर धर दिया। अब तो दीमक-सीलन सब चली गयी होगी। मगर जाने कितने सारे पन्ने तेज़ हवा भी उड़ा ले गयी होगी। और हाँ परसों बारिश भी तो हुई थी। उसे यह सोचकर बड़ी ग्लानि हुई कि इतने दिन हो गये किसी ने याद तक नहीं की कि एक-तिहाई क़िताबें तो अभी छत पर ही बिखरी पड़ी हैं। पर उनका भी क्या क़सूर है? जब उसी को ख्याल नहीं—जबकि रोज़ छत पर बैठता है—आँख सामने की बरबादी जब उसी को नहीं दिखती तो औरों को क्या पड़ी है? अब बटोरो यह कचरा और लगाओ इसे ठिकाने। ज़िन्दगी भर की जमा-पूँजी। यह सूखता-भीगता कचरा।

उसके भीतर एक अजीब-सा त्रास भर गया। क्या इतनी उमंग और निष्ठा से सहेजी हुई निधियाँ आख़िर कचरा बनने के लिए थीं? और खुद उसकी हालत? वह भी क्या इनसे बेहतर है। कितनी सारी चीज़ें उसके भीतर भी इसी तरह उखड़ी-पुखड़ी, बेतरतीब और बदहाल पड़ी होंगी। क्या बनाया उसने उनका। कभी झाँककर भी देखा उन्हें?

छटपटाकर उसने वह पत्थर हटाया और उसके नीचे दबे पन्नों को एक-एक करके देखने लगा। ये कवितावली, ये इमर्सन, ये कीर्केगार्द, ये लाइफ़ आव जॉनसन, ये हैमलेट...और क़िताबें? पुरानी पाँच साल की एक डायरी, सुराखों से पटी निराला की नये पत्ते, रघुवंश, जिसका बस अब यह आखिरी सर्ग बचा है...उससे आगे नहीं देखा गया। ज़ोर लगाके उसने क़िताबें परे ठेल दीं। माथा पकड़कर बैठ गया उस मलबे के ही ढेर पर। अकस्मात् उसे लगा ये सारे के सारे लेखक अपनी-अपनी क़िताबों से बाहर निकल आये हैं और एक गोल घेरा बनाकर उसके गिर्द नाच रहे हैं उसे मुँह चिढ़ाते हुए... । उसे हँसी आने को हुई और उसके चेहरे पर ही ऐंठ गयी। हाथ तक नहीं लगाने देता वह किसी को इन क़िताबों को, और फिर भी इनकी यह हालत! वह नहीं तो और कौन इसके लिए ज़िम्मेदार है? जैसे यह सब बिना उसके, उसकी ग़ैरमौजूदगी में घटित हुआ हो। जैसे यह उसका नहीं, किसी और का घर हो।

पीपल की खामोशी फिर एक फुसफुसाहट में ढल रही है। उठकर वह यूँ ही छत पर टहलता-टहलता उसके आखिरी सिरे पर पहुँच गया है और मुँडेर पर झुक कर नीचे पड़ौसी के घर में झाँक रहा है। नीचे वहाँ लॉन पर खन्ना साहब अपने बच्चों के साथ बैडमिन्टन खेल रहे हैं। उसके हाथ भी मचल रहे हैं। बड़ा जी कर रहा है कि वह भी जाके खेल आये। बरसों गुज़र गये उसे कोई भी खेल खेले। लड़कपन तो सिर्फ़ खेल था। खेल और आवारागर्दी। किताबें तब कहाँ थीं? अब यूँ तो बैडमिन्टन ही क्या, कोई भी खेल वह कभी ठीक से नहीं खेल पाया। फिर भी वह किस क़दर खेल के पीछे पागल रहता था! उसका हर साथी उससे ज़्यादा अच्छा खेलता था और फिर भी उसे कभी उनसे ईर्ष्या नहीं होती थी। अहसास ही नहीं होता

था अपनी कमज़ोरी का। क्यों? आख़िर क्यों? अपने औसतपन से क्यों नहीं उसे तब झुँझलाहट होती थी? आगे बढ़ने और आगे दीखने से उसे घबराहट क्यों होती थी? क्या इसीलिए बाद में उसने किताबों में शरण ढूँढ़ी? कि बिना कुछ किये-धरे उसका काम चल जाये? अब यूँ तो यह ज़िन्दगी खुद ही एक खेल है। पर खेल भी तो आख़िरकार हमेशा हारते रहने के लिए नहीं खेला जाता। कभी-कभी तो जीतना भी चाहिए। कम-से-कम जीतने की उम्मीद तो क़ायम रहनी ही चाहिए।

"आइये तिवारी साब! एक हाथ हो जाये", खन्ना जी उसे बुला रहे हैं।

"नहीं नहीं, आप खेलिए। मुझे आता ही कहाँ है। मैं तो आपको खेलते देख रहा हूँ। मज़ा आ रहा है।" उसे अपनी ही आवाज़ एकदम खोखली और अजीब लग रही है। एक और आवाज़ वह सुन रहा है जो उसकी नहीं है। "तू खिलाड़ी कभी नहीं बन सकेगा। तू कभी कुछ नहीं बन सकेगा। तू कभी कुछ नहीं बना सकेगा। बस औरों को ही देखता रहेगा...बनते, और बनाते हुए...तू खुद कुछ नहीं बनायेगा।"

मुँडेर पर लटका-लटका वह भीतर ही भीतर अपने-आप डूबता जा रहा है। गहरे और गहरे—जाने किस अतलांत तक। डूबता ही जा रहा है, उतरता चला जा रहा है...कुछ भी नहीं दीखता उसे, कुछ भी नहीं सुनायी पड़ता—न बच्चे, न कव्वे, न पीपल, न बटोरने से बचे लगातार फड़फड़ाते पन्ने...नहीं, कुछ भी नहीं बचा है उसके सामने या आस-पास। बिना हिले-डुले ही जैसे तनकर सीधा खड़ा हो गया है वह, अपने-आप से बेख़बर और अब धीरे-धीरे अपनेआप जाने कहाँ से एक कलरव-सा उसमें उठ रहा है। जाड़े की एक दुपहर धीरे-धीरे शाम में ढली जा रही है...पीपल की सरसराहट...बच्चों की किलकारियाँ...नीले आसमान में पंख फैलाए तैरता एक अकेला पक्षी...क्षण भर को सुनायी देती उसके डैनों की भारी फड़फड़...हज़ारों हज़ार कबूतर...उनके सलेटी-स्याह पंख पूरे आसमान को छाते हुए...चीड़ों का रोमहर्ष... दूकान पर भिनभिनाती मक्खियाँ और उनके बीच ऊँघता वह...

पीपल का शोर बढ़ रहा है...धूप अपने पंख समेटकर हवा में घुली जा रही है...नीली पहाड़ी और बिड़ला मन्दिर उड़ रहे हैं...दूर कहीं प्लेटफॉर्म में घुस रही रेल की कातर सीटी...किसी की किसी को पुकारने की तीखी चाकू-सी आवाज़...सब कुछ—एक पूरा का पूरा संसार उसी के भीतर से उग रहा है। जैसे पहले कहीं नहीं था और अभी-अभी हुआ है, और होता जा रहा है और एक के बाद एक, नहीं एक साथ। यह दिन उसी के भीतर से उपजा है। उसी ने बोया था यह दिन। यह पूरा दृश्य, ये आवाज़ें, यह हवा में घुली ठण्डक, यह उड़ती हुई धूप और पंख सब उसी के कारण हो रहे हैं...

ठण्ड बढ़ती जा रही है। अभी थोड़ी देर में यह धूप गायब हो जायेगी—इस दृश्य को यों ही यहाँ ठिठुरता छोड़कर। अभी रेल की सीटी सुनी थी। कितना अजीब है इतनी दूर से और इतनी साफ़ रेल की सीटी सुनायी दी। क्या पता पठानकोट ही हो।

चार घण्टे क्या होते हैं! रेलें आजकल कितनी लेट हो रही हैं...क्या पता...? नहीं, उसने एक ज़ोर का झटका दिया अपने सिर को और तय किया कि अब उसे किसी की प्रतीक्षा नहीं है। हर प्रतीक्षा झूठी है। दूर-पास कुछ नहीं। सब कुछ सभी वक्त सब कहीं मौजूद हैं। अभी बिल्कुल अभी। या फिर कभी नहीं। कहीं नहीं।

हवा की तेज़ी बढ़ गयी है। उसे कँपकँपी-सी छूट रही है। पीपल का शोर अपने चरम पर जा पहुँचा है। वह एकटक देख रहा है अपने उन बटोरे हुए पन्नों को, एकाएक वह बढ़ता है और उन्हें झपटकर एक के बाद एक फाड़ता चला जाता है। सारी चिन्दियाँ बटोरकर एक बड़े लिफ़ाफ़े में ठूँस देता है और लिफ़ाफ़ा पूरी ताक़त से छत के बायीं ओर के उस खाली उजाड़ में फेंक देता है जहाँ सैकड़ों की तादाद में जंग खायी बेकार मोटरों के कलपुर्जे या कंकाल ठुँसे हैं। अब ठीक है। ऐसे ही सब ठीक है। कचरे से उगा हुआ यह एक दिन, जो मैं हूँ। मैं कचरे से नहीं डरता। कचरा हो जाने से भी नहीं।

डंक

कौन? अरे आ गये? बड़ी जल्दी आ गये आप! और दिन तो...भूल गये आप? अब भी नहीं पहचाना?...पचीसों मरतबा मैंने यहीं इसी खड्ड से आवाज़ दी है आपको...और हर बार आप आये हैं...देर-अबेर ही सही...बिला नागा आप आये हैं। अब सोच क्या रहे हैं? बस आँख बन्द करिए और सीधे कूद पड़िए। एक सेकण्ड के अन्दर आप यहाँ पहुँच जायेंगे...

देखा? आपने देखा? मैंने कहा क्या था आपसे?...उफ़! छुइए मत, देखिए, बस, हाँ इसी जगह...कितनी बुरी तरह काटा है! मुझे पता नहीं मैं कब चीखा। चीखा भी या नहीं....यह तो आप ही जान सकते हैं। तब आपको क्या बताऊँ! जब तक डंक इतना तीखा नहीं होता कि खून का ज़र्रा-ज़र्रा तड़पने और बिलबिलाने लगे, तब तक मैं आपको...आवाज़ देना तो दूर रहा, चूँ तक नहीं करता। मामूली चोटों की तो मुझे आदत पड़ गयी है—मामूली से कुछ ज़्यादा में भी बकबका के छुट्टी पा जाता हूँ—या चुपचाप एक कोने में बैठा झींकता रहता हूँ। ज़बान की लगाम बिल्कुल ढीली छोड़ देने से जो राहत मिलती होगी उसका भी मैं आदी हो गया हूँ ऐसा तो नहीं कह सकता।

मेरे एक दोस्त हैं जो सुबह बिस्तर छोड़ने से लेकर रात बिस्तर हो जाने तक मुसलसल स्वगतभाषण करते रहते हैं। बस, सामने कोई आदमक़द दीखता रहे, इतना ही उनके लिए काफ़ी है—वह चाहे उनकी बीवी हो, चाहे उनका लड़का हो। चाहे कोई दोस्त हो...आप उनके साथ पृथ्वी की परिक्रमा पैदल कर आइये तो भी उनकी भड़ास पूरी नहीं निकलेगी। आप रास्ते में ही ढेर हो गये तो वे आपकी लाश पर पाँव रख के तब तक बुदबुदाते जायेंगे जब तक आप उनकी आत्मकथा सुनने के लिए फिर से ज़िन्दा न हो जायें। अगर उनके मुँह से निकला हर शब्द हवा में छप सकता तो मैं सच कहता हूँ अभी तक यह अन्तरिक्ष काला पड़ गया होता और आसमान की स्याही भी कभी की चुक गयी होती।

माफ़ कीजिएगा मैंने आपकी नींद खराब कर दी—जहाँ भी आप हों—पुआल पे या पलंग पे, गुदड़ी में या डनलप में, बाबू लेन में या बजरिया में, चाणक्यपुरी में या स्वर्गाश्रम में—आपको वह पूछने का पूरा-पूरा हक है कि मैं कौन हूँ, जो कभी भी

किसी भी वक़्त–जागते में, सोते में, खड़े में या पड़े में–कभी भी, किसी भी वक़्त आपके सर पे आ धमकता हूँ। आप मेरे लगते क्या हैं?...अब आपको क्या बताऊँ, पहले दरवाज़ा खोलके मुझे अन्दर तो कीजिए–महसूस तो करने दीजिए मुझे–कि मैं चूहा नहीं, आदमी हूँ। तब न मेरी ज़बान खुलेगी? तब न बता पाऊँगा मैं आपको अपने बारे में कि मैं डरा हुआ नहीं हूँ। कि मैं भागा हुआ भी नहीं हूँ। कि मुझे शरण या संरक्षण आपका कुछ भी नहीं चाहिए। कि, मैं आपका सबसे बड़ा दुश्मन और सबसे बड़ा दोस्त हूँ...यह देखिए मुझसे पहले ही वह यहाँ पहुँच गया और मेरी ज़बान पे चढ़ गया...मैं यह सब नहीं कहना चाहता था–कतई नहीं कहना चाहता था–मैं फिर कोशिश करूँगा–

क्या आप मुझे पहचान रहे हैं?...कल रात आपको मय आपके सामान के स्टेशन से यहाँ तक किसने पहुँचाया था? क्या आपको मालूम है इस शहर में साढ़े पाँच हज़ार रिक्शा हैं, देश भर में सबसे ज़्यादा? क्या आपको मालूम है सबसे कम किराया और सबसे ज़्यादा होड़ भी यहीं है। आपका लड़का डिप्टी कलेक्टर के इम्तहान में बैठा है ना इस साल? मुझे मालूम है आपने कितनी मजबूरियों के बीच उसे यहाँ तक पहुँचाया है। मुझे मालूम है आपको ज़िन्दगी में पहली बार दस हज़ार रुपया घूस भी देनी पड़ी है। भगवान करे आपका यह पाप फल ही जाय और आपका लड़का निकल ही जाय। एक सौ बीस जगहें और सात हज़ार उम्मीदवार...साढ़े पाँच सौ सवारियाँ और साढ़े पाँच हज़ार रिक्शे...! कैसे होगा? मगर होगा, ज़रूर होगा। आप बेफिकर रहिए। उसे स्पेशल कोचिंग मिली है उन दस हज़ार रुपयों से–वह ज़रूर निकल आयेगा–आपका सारा दलिद्दर दूर करेगा...और ये जो कई महीनों से परेशान घूम रहे हैं, अपने आपसे मुँह छिपाते फिर रहे हैं–मैं आपसे कहना चाहता हूँ यह बिल्कुल फिजूल बात है–मैं भी यही करता–मुझे भी यही करना चाहिए था।

मेरा भाई घर से भाग गया है–सुना वह यहीं कहीं रिक्शा चला रहा है। उसमें कहीं कोई कमी नहीं थी। उसे डिप्टी कलेक्टर तो कम-से-कम होना ही चाहिए था। यह मेरी ही चूक थी–उसके बाप की जगह मैं था–मैं अपने लिए तो नहीं, मगर उसके लिए ज़रूर, कोई अच्छी जगह चाहता था। बस ज़रा-सी एक बात थी जो मुझे निभानी थी और वहीं मैं चूक गया। तब से मैं झुलस रहा हूँ एक ऐसे पश्चात्ताप में जिसके बारे में दुनिया की कोई डिक्शनरी आपको कुछ नहीं बता सकती। मैंने उससे क्या कहा था–"जो मैं अपने लिए नहीं कर सका, वह तेरे लिए कैसे कर दूँ? किस मुँह से तुझे ऐसा बोलने की हिम्मत हुई?" पाँच साल गुज़र गये, मेरे भाई का कोई अता-पता नहीं। मैंने उसे कभी हल्की डाँट तक नहीं पिलाई थी...जितनी मार आदमी अपनी पूरी ज़िन्दगी में नहीं खाता होगा, उतनी तो मैंने अपने बचपन में ही खा ली थी...इसलिए मेरी खाल तो कछुए की खाल है...मगर वह!...उसकी ज़िन्दगी बिगाड़ने का मुझे क्या हक था?

भगवान करे...मैं कहता हूँ...वह छोटा-सा पाप, जो मैं नहीं कर सका और आप कर गुज़रे...वह छोटा-सा पाप आपके लिए भगवान ही सिद्ध हो और आपका लड़का डिप्टी कलक्टर बन ही जाय। आप खामखाह अपनी नींद खराब कर रहे हैं। भगवान आपकी मदद करेगा—हमारे पाप-पुण्य से उसे कुछ भी लेना-देना नहीं है—वह सब कुछ देखता-समझता है और एक ग़रीब आदमी का लड़का डिप्टी कलक्टर बन जाय तो उसे अच्छा ही लगेगा। वह झूठी अन्तरात्मा थी, जिसने मुझमें ऐन मौके पे वो अड़ियलपन पैदा किया था। सच्ची अन्तरात्मा तो यह है जो आज मुझे तड़पाती है कि मैंने क्यों नहीं उसी वक़्त मेडिकल बोर्ड के चीफ़ को दो सौ रुपये पिला दिए। पता नहीं वह कहाँ होगा, क्या खाता-पीता होगा और कैसे रहता होगा! हो सकता है उसने...! कुछ भी हो सकता है और इसका ज़िम्मेदार कौन है? आप बेफिकर रहिए। आप पकड़े नहीं जायेंगे। आपको पकड़ने वाले खुद ही डॉकू हैं...और वे खड़गसिंह नहीं और न आप बाबा भारती हैं।

एक छोटा-सा पाप...इस पाप के महासागर में एक नन्ही-सी बूँद...और आप खुद भी जी सकेंगे और दूसरों को भी जिला सकेंगे। जीत भी आखिर उसी की होती है जो पहले कभी जीता हो। हार की जीत गप्प है—इस भयानक होड़ में जो एक बार हारा, वह फिर कभी नहीं सम्भल सकता। मुझी को देखो, मेरा पुण्य मुझ पर थूक रहा है। मेरी कमर टूट चुकी है। मैं अब कभी खड़ा नहीं हो सकता। मैं अपनी बीवी के दो नम्बर नहीं बढ़वा सका जबकि कापी मेरे प्रिंसिपल के पास थी और कहने भर की देर थी। उस ज़रा से जुमले के बदले मेरी बीवी को सेकण्ड क्लास मिल सकता था और मास्टरी मिल सकती थी और हम अच्छा मकान ले सकते थे, दही-दूध भी खा सकते थे, और अपनी बीमारियाँ घटा सकते थे। अब आप खुद सोचिए एक स्कूल के मास्टर को मिलता ही क्या है? क्या आप भी स्कूल मास्टर हैं? मैं तो समझता था आप ए. जी. ऑफ़िस के बाबू होंगे। नहीं?...तो फिर क्या हैं आप?...अफसर, पत्रकार, वकील, प्रोफेसर, विद्यार्थी, दुकानदार...कुछ तो आप होंगे ही—मुझे इससे मतलब नहीं। आप हैं, बस इतना ही मेरे लिए काफी है। मेरी बीवी कहती है मैं आजकल बहुत बड़बड़ाने लगा हूँ। मगर यह झूठ है। मुझे तो लगता है मैं गूँगा ही पैदा हुआ हूँ और यह मेरी गुँगलाहट ही मुझे आप से जोड़ती है। जो मुझे भी नहीं सुनायी देता वह आप को सुनायी देता है। मुझे अच्छी तरह पता है जब एक नंगे तार की तरह यह घर मुझे घूरता है—यह दुनिया मुझे घूरती है एक पागल कुत्ते की तरह और दाँत गड़ा देती है मेरे भीतर, बहुत भीतर...तब जो चीखता है इतनी ज़ोर से, वह मैं नहीं, कोई और है...और मैं उसका गुलाम हूँ...ज़र-खरीद गुलाम...जिसकी कभी छुट्टी नहीं होती...

अब देखिए वह आदमी...जिसका मैंने आपसे जिक्र किया था—वह...मेरा इतना खैरख्वाह, मुझ पे इतना मेहरबान...मुझे क्यों आख़िर उससे इतनी कोफ़्त होती है? जबकि अगर उसे किसी जादू के ज़ोर से पता लग जाये कि मैं उसके बारे में क्या-क्या सोचता हूँ तो वह खुदकुशी कर लेगा। मुझ पर उसे जाने क्यों इतना भरोसा है कि उसके टूट जाने पर वह ज़िन्दा नहीं बचेगा। उसकी कुल ज़िन्दगी उसका कुलकुलान सिर्फ़ इस मुगालते पे टिका है कि वह आदमी नहीं, खुदा है जबकि एक पिन चुभोने भर की देर है, वह बिलबिला उठेगा। उसकी कोई दोस्ती दो महीने से ज़्यादा नहीं टिकती। फिर भी वह प्यार का सागर है और अगर आपको जानना हो कि पानी में डूबकर मरने से ठीक पहले कैसी और कितनी घुटन होती है तो वह आपको यह भी बखूबी सिखा सकता है। फिर भी वह प्यासा है और उसकी प्यास अनन्त है। मैं उससे कहना चाहता हूँ तुम ब्रेन-सिफलिस से मरोगे। कोई दूसरी मौत तुम्हें बदी ही नहीं है।

कितनी वाहियात बात है कि मैं उसके बारे में यह सोचता हूँ, जिसने मुझे नौकरी दिलायी है और ऐसे-ऐसे अहसान किये हैं जिनमें से एक-एक अहसान, 'एक अहसानमन्द आदमी की गरदन तोड़ देने को काफी हैं। मैं उससे कहना चाहता हूँ...जाने क्या-क्या कहना चाहता हूँ...पर वह मेरे गले की फाँसी है, मेरे हाथों की खुजली है, पाँवों की बेड़ी है। वह ज्योतिष भी जानता है। जाने कितने जोगियों से उसने मुझे मिलवाया है—जाने कितनी अजीबोग़रीब सिद्धियों के बारे में उसने मुझे बताया है...अभी थोड़ी देर पहले वह मुझसे एक नेपाली छोकरी का बखान करके गया है। यह उसकी दूसरी खोज है। इससे पहले तक़रीबन एक साल तक वह किसी कमला के पास जाता था और दूसरे दिन सबेरे-सबेरे मेरे पास आके फिर नये सिरे से वे सारी बातें बताता था जो वह दर्जनों बार पहले भी सुना चुका होता था...वह मेरा इस्तेमाल एक डायरी की तरह करता है और आगे भी करता रहेगा जब तक हम दोनों में से कोई एक मर नहीं जायेगा। जब कमला चली गयी तो ये महीने भर तक रोता-कलपता रहा। वो थी कर्नाटक यानी धारवाड़ की और इसका गुरु, जिससे इसने दीक्षा ली है, वह भी धारवाड़ का। मुझे एक लम्बा लेक्चर पिलाया था इसने इसी बात पर, कि देख लो जो भूमि सन्तों की खान है, वही वेश्याओं की भी।

अभी पिछले दिनों एक बड़े नामी संगीतकार से मेरी मुलाक़ात हुई थी। वे भी धारवाड़ के थे। शहर के बड़े-बड़े नामी-गिरामी लोग जुटे हुए थे वहाँ। मैंने यही जुमला उनके सामने भी दुहरा दिया। सबके चेहरे फक पड़ गये—मुझे भी फौरन महसूस हो गया कि मैंने हद दर्जे की गुस्ताखी कर दी है। मगर संगीतकार एकटक मुझे घूरते रहे और यकायक बोल पड़े, "आपने बिल्कुल सही कहा। मेरी खुद की मौसी, जो मुझे माँ से भी ज़्यादा प्यार करती थी, वह भी वेश्या हो गयी थी। उसने मेरी पढ़ाई के लिए पिताजी को बम्बई से पैसे भिजवाये थे। पिताजी ने मनीऑर्डर वापस कर

दिया था और उसे लिख दिया कि आइन्दा कभी ऐसी जुर्रत न करे। मैं अनपढ़ा ही रह गया और इस घटना के करीब साल भर के अन्दर मेरी मौसी भी मर गयी। मैंने अपने पिताजी को ही माँ से कहते सुना था कि उसे बड़ी खराब बीमारी हो गयी थी।"

यह किस्सा सुनाते हुए उस महान् गवैये की आवाज़ डबडबा आयी थी और आँखें भी...मण्डली में काफी देर तक सन्नाटा छा गया था। खुद मैं भी सकते में आ गया था। हालाँकि महफिल उसके बाद भी जमी और खूब जमी। पर मेरा मन नहीं लगा...मेरी कमबख्ती देखिए कि वह किस्सा मैं इस पाजी को भी, जाने क्यों सुना बैठा। अब यूँ तो इसका रोना भी मुझे उतना ही अश्लील लगता है मगर इसका वह हँसना हो...ऐसी ग्लानि मुझे अपनी ज़िन्दगी में कभी नहीं हुई। अभी मुझसे कह रहा था...ठीक उसी दिन जैसी वल्गर हँसी हँसते हुए..."तुम भी तो नेपाल के हो यार, बिल्कुल तुम्हारे जैसी भोली और अल्हड़ है वह। एकदम फ्रेश, ताज़ा ककड़ी की तरह रोएँदार...अरे, कमला तो भुट्टल थी इसके कम्पैरिज़न में।" कमला!...मैं सोचने लगा, क्या कमला भी किसी गवैये की मौसी रही होगी? इसी ने तो मुझे बताया था कि कमला एक-एक करके पैसे जोड़ रही है। उसकी सबसे बड़ी तमन्ना है। "वापस अपने देश में जाके अच्छी तरह रहना और हो सके तो घर-गिरस्ती भी बसा लेना... ।"

मैं आजकल दस की जगह बीस देने लगा हूँ उसे। वो भी पहले जैसा रुक्खड़ नहीं बोलती...मगर आज वो बिफर गयी...मैंने उसे रोज़ की तरह सहलाते हुए जब उससे कहा तुम तो मेरी लक्ष्मी हो, उसने मुझे एक ज़ोर का धक्का दिया और ही-ही करके हँस पड़ी। मैं तो सचमुच डर गया। कैसी डरावनी और भुतैली हँसी थी वह...बोली, "फालतू बात मत करो। काम करो और भागो और अपने घर में बको ये अंडबंड... ।" वो जितनी जल्दी गुस्सा होती उतनी ही जल्दी ठण्डी भी पड़ जाती है जब मैं जाने लगा तो कहने लगी, "जल्दी आना। तुम्हारे जैसा ग्राहक अपुन को कहाँ मिलेगा जो बेकाम का पैसा देता है। तुम नाराज़ मत होना, हमारा टैम खराब होता है...फालतू की बात नहीं करने का, समझा...?" मैं बीमारी से डरता हूँ वह अच्छी तरह जानती है और फिर भी बुरा नहीं मानती। एक बार जाने उसका क्या दिमाग खराब हो गया कि उसने मुझे गन्दी से गन्दी गालियाँ दीं और धक्का देके गली में फेंक दिया...वह समझ गयी है कि मैं और कहीं नहीं जा सकता...अब मैं जो कुछ भी बकता हूँ, चुपचाप सुनती रहती है..."

मैंने कहा ना, मैं इसका टेप-रिकॉर्डर हूँ—वैसे तो इसकी बड़बड़ाहट से सभी लोग परेशान हैं—इसके घर के लोग तो सबसे ज़्यादा। मगर मुझे तो परेशान होना भी नसीब नहीं है। मैं आकाश-पाताल कहीं भी जा छिपूँ, यह सुदर्शन चक्र की तरह मुझे ढूँढ़ निकालेगा। नहीं! मैं इससे पीछा नहीं छुड़ा सकता। मैंने अपनी पूरी ज़िन्दगी में सिर्फ़ एक आदमी का अहसान लिया है और उसका बदला चुका रहा हूँ। मेरे स्कूल

का मैनेजर भी इसका दोस्त है—दोस्त क्या, वह भी इसका अहसानमन्द होगा। दोस्त इसका कोई नहीं हो सकता। जाने क्या बात है कि सभी इसको मानते हैं चाहे भीतर ही भीतर इससे कितना ही कतराते रहें। हो सकता है मेरी ही तरह और लोग भी इससे घबड़ाते हों और सिर्फ़ इससे जान छुड़ाने के लिए ही इसका कहा कर देते हों। मैं तो और क्या कर सकता हूँ, सिर्फ़ इसकी बकवास सुन सकता हूँ...मेरे पास इसे देने के लिए अपने वक्त के सिवा और है भी क्या? सो यह मुझी को घेरता है।

दरअसल मैं दब्बू हूँ। इस्तेमाल भी आखिर उसी का तो होगा जो इस्तेमाल करने देगा। वह निरा लम्पट होता या मैं ही निरा खरा होता तो ये नौबत ही क्यों आती?...मैं आखिर क्यों ये सब बक रहा हूँ और किससे बक रहा हूँ? क्या मैं उससे भी गया बीता हूँ? उसके सामने मैं होता हूँ; मेरे सामने कौन है? वह मुझे भी बकाता है, मुझसे भी उगलवाता है...हर बार उससे छूटने के बाद मेरा जी करता है मैं तड़ातड़ अपने मुँह पर तमाचे मारता जाऊँ...मैं कसम खाता हूँ कि अब से कभी उसके सामने मुँह नहीं खोलूँगा। मगर जैसे ही वह आता है, मैं फिर फिसल जाता हूँ। नहीं, उसका कोई कसूर नहीं। अहसान-वहसान सब धोखा है, वह अहसान नहीं जताता कभी। क्या मैं उसके लिए ज़रूरी हूँ? क्यों हूँ? क्या इसमें मेरा भी हाथ नहीं? क्यों मैं उससे उलझता हूँ? आप समझ रहे होंगे मैं बेकार हूँ, मज़बूर हूँ। मैं झूठ बोल रहा था। मैं चाहूँ तो एक दिन बैठ के उसकी सारी हवा निकाल दूँ। वह कभी नहीं आयेगा और कोई दूसरा खोज लेगा। इस शहर में उसके चाहनेवालों की कोई कमी नहीं है। मुझे अच्छी तरह मालूम है। मैं दो-टूक बोल सकता हूँ और उससे मुझे वैसा खतरा भी नहीं है। वह खुदकुशी भी नहीं करेगा। वह बाहर से जितना मुलायम और लिजलिजा है, भीतर से उतना ही भोथरा और सख्त है—उसे कोई नहीं पिचका सकता।

सच बात तो यह है कि मुझे उससे ईर्ष्या है। उसकी नैतिकता, वह चाहे जितनी गलीज़ हो, उसका अभेद्य कवच है, जबकि मेरी नैतिकता खुद मेरे लिए मखौल है। वह भगवान से, वेश्या से, नगरसेठों से, फ़कीरों से, सबसे अपना उल्लू सीधा कर सकता है और उसकी आत्मा पर एक भी खरोंच नहीं पड़ती। वह अपनी नालायकी को भी अच्छी तरह भुना लेता है। वह अपनी ग्लानियों से भी आत्मविश्वास कमाता है और अपनी गलीज़ कमज़ोरियों को भी दूसरों पर चिपकाकर उनका लहू पी सकता है और इस सबके बाद भी खुद को यकीन दिला सकता है कि वह तो सिर्फ़ भगवान की इच्छा का पालन कर रहा है।

आखिर मैं यह सब उसके मुँह पर क्यों नहीं कह सकता? इस सीले हुए, उखड़े पलस्तर की दीवारों वाली कोठरी में मैं किसको यह सब सुना रहा हूँ? इससे उसका क्या बिगड़ता है? और मेरा क्या बनता है? वह अभी भी आराम से अपने सौ रुपये वसूल रहा होगा। वह जो कुछ बखानता है, उससे क्या मुझे घिन ही होती है? क्या वह मुझे नहीं जानता! उसके पास जो कारण है, मेरे पास तो नहीं है और फिर भी

मुझे कुतूहल है—बेहद-बेहद कुतूहल है—मैं खुद जाके देखना और अनुभव करना चाहता हूँ कि वेश्या कैसी होती है, कैसे बोलती है और कैसे खुद को बेचती है और आदमी वहाँ जाते हुए या वहाँ से बाहर निकलते हुए कैसा दिखायी देता है और कैसा अनुभव करता है। बिना यह जाने मुझे कल नहीं पड़ेगी।

मैं भी कैसी फालतू बातें सोचता हूँ! क्या यह सच नहीं कि उससे सुन-सुन के और कल्पना के सहारे मैंने जितना जान लिया है, वह खुद उसके जमाने से भी ज़्यादा है। बल्कि वह तो कुछ जानता ही नहीं...वह तो सिर्फ़ भोगता है...बल्कि जैसा वह बताता है, उस हिसाब से तो वह भोगता भी कहाँ है, सिर्फ़ खुजली मिटाता है। फिर मैं क्यों चाहता हूँ वह एक दिन मुझसे कहे कि तुम भी मेरे साथ चलो उस नेपाली छोकरी के पास। जबकि मैं जानता हूँ वह कभी नहीं कहेगा। वह मेरी सचमुच इज़्ज़त करता है और मेरे पास इस तरह आता है जिस तरह एक पापी एक पादरी के पास जाता होगा। जो असली पापी होता है वह पादरी की ज़रूरत समझता है और उसका इस्तेमाल करना जानता है। ईर्ष्या अगर होती होगी तो पादरी को ही होती होगी। उसको क्यों होने लगी—उस पुराने पापी को? मगर मैं भी उल्लू का पट्ठा हूँ—उसे खामखाह चढ़ा रहा हूँ। वह पापी-वापी कुछ नहीं है।

मैं शर्त बद सकता हूँ कि अपनी पैंतालीस बरस की ज़िन्दगी में उसने कभी एक क्षण के लिए भी यह नहीं सोचा होगा कि उसने कोई ग़लत काम किया है। ग़लत काम तो वह कर ही कैसे सकता है? सारे पाप-पुण्य तो उसके इर्द-गिर्द चक्कर काटते हैं। वह उनकी धुरी है। फिर वह मेरे पास क्यों आता है? क्या वह मुझे सिर्फ़ एक अच्छा आदमी समझता है और मेरी अच्छाई से अपने अहं की मालिश कराता है? याकि उसे सचमुच बहुत अन्दर से मेरी ज़रूरत है? अगर ऐसा हो, तो इसका मतलब यही न हुआ कि उसमें भी कहीं छेद है, वह भी कहीं से रिसता और टपकता है। मैं तो उससे नहीं दबता। उसके बर्ताव से मैं ढूँढ़कर भी ऐसा कुछ नहीं निकाल सकता जिससे मैं खुद को यह यकीन दिला सकूँ कि वह मेरा बुरा चाहता है। याकि मुझे निगलना चाहता है?

मैं कहाँ से उस पर चोट करूँ? वह कहीं से भी तो खुला हुआ नहीं है। जिरहबख़्तर पहने है वह अपने बारे में अपनी बहुत ऊँची राय का। और उससे ठीक उल्टी मेरी हालत है। जो कुछ मुझे दीखता है, इसी खड्ड से दीखता है। यह बर्दाश्त से बाहर है। क्या इसीलिए मैं चिल्लाता हूँ? क्या इसीलिए मुझे लगता है कि मेरी चिल्लाहट चाँद-तारों तक पहुँचती है?

जो हो, मुझे उस आदमी से नफ़रत करने का पूरा-पूरा हक है क्योंकि वह मेरी भावनाओं का शोषण कर रहा है और अनजाने कर रहा है। वह कैसे जानेगा? जानने और महसूसने के सारे दरवाज़े तो वह अपने ही हाथ से बन्द करता जा रहा है और एक दिन आयेगा जब वह हाथ-पैर भी नहीं हिला सकेगा—पत्थर हो जायेगा और मैं

तब भी उसके आस-पास नन्हे तिनके की तरह लहराऊँगा। मुझे कोई नहीं मार सकता क्योंकि मुझे हर कोई मार सकता है। मैं इतना निरीह हूँ कि मुझे हर कोई हलाल करना चाहता है। मैं वहाँ क्यों जाना चाहता हूँ—मुझे यहीं से सब कुछ दिखायी दे रहा है...वह नेपाली छोकरी और उसकी छातियों में मुँह गड़ाये जाने क्या-क्या बड़बड़ाता वह मेरा दोस्त...मुझे साफ़ दिखायी दे रहा है।

हो सकता है अबकी वह काफ़ी आगे बढ़ जाये और वहीं पहुँच जाये जहाँ कि उसे पहुँचना है। आखिर वह कमला जिस तरह से 'काम करो और भागो' कहती थी, वैसा तो यह नहीं ही कहेगी। इससे, बहुत सम्भव है, वह सचमुच काम कर ही ले जाये और...और किस कदर रोया था यह उस दिन वहाँ से लौट के...जब खोली पर ताला लटका मिला और पड़ोसी ने बताया कि कमला अब कभी नहीं आयेगी। वह अपने देस चली गयी है। मुझे तो यह अजूबा ही लगता है कि कोई वेश्या वापस लौट जाये और वह भी कमला जैसी, जिसने इसे एक दिन चाँटा तक जड़ दिया था, कि "ये तेरा घर नहीं है। कोठे पे चढ़ा है तो कोठे जैसी बात कर।"...वह कहाँ गयी होगी आखिर? लौट के तो नहीं ही आयी...क्या ऐसा भी हो सकता है? किसी दूसरी जगह गयी हो तो एक बार हो भी सकता है। मगर अपने देस में...? भगवान जाने। क्या पता वह भी किसी गवैये की मौसी हो! क्या उस गवैये जैसा दिल किसी और का नहीं हो सकता जो उस कमला का कुछ लगता हो या नहीं भी लगता हो और कमला के सम्पर्क में ठीक वैसे ही आ गया हो, जैसे मेरा दोस्त आया था और उस आदमी में कमला को सचमुच वैसा कुछ मिल गया हो, जिसका गन्दा थिएटर मेरे दोस्त ने उसे दिखाया था?

मुझे अपने दोस्त की इसी बेशर्मी से ईर्ष्या होती है। अगर मैं इसकी जगह होता—उतना ही ज़रूरतमन्द और उतना ही अन्धा...तो भी, उस चाँटे के बाद तो नहीं ही जाता...और यह उसके बाद भी साल-भर तक उससे बुरी तरह चिपटा रहा। मैं इसे अच्छी तरह जानता हूँ और इसीलिए तो यह भी मुझसे सब कुछ उगल देता है क्योंकि इसे भी मालूम है कि मैं इस सबके बावजूद इससे नफ़रत नहीं करूँगा। क्यों नहीं करूँगा आखिर?...इसका यह मुगालता मुझे तोड़ना ही पड़ेगा। कहीं वह नेपाली छोकरी...जैसा यह बताता है कि अभी एकदम फ्रेश है...कहीं वह इसके चक्कर में...नहीं मैं इसके साथ ज़रूर जाऊँगा एक बार कम-से-कम। फिर दुबारा मिलूँगा उससे अकेले में, सिर्फ़ एक बार। और उसे सावधान कर दूँगा।

यों तो इसकी ज़रूरत क्या है—ऐसे लोगों से निपटने का गुर उसे सिखाया ही गया होगा...फिर भी हो सकता है...यह मुझे बताता था उन दिनों कि कमला ही इसे ज़िन्दा रखे हुए है।...मैं जाऊँगा, जरूर जाऊँगा...एक दिन उस नेपाली छोकरी के पास और इसकी पोल खोल दूँगा—बता दूँगा उसे कि देखो ये आदमी, तुम्हारे पास जितने लोग आते हैं, उन सबसे ज़्यादा खतरनाक है जो बिना कोई रिस्क उठाये सब

कुछ पाना चाहता है और तुममें अपनी बीवी और प्रेयसी और माँ की, जाने किस-किसकी तलाश कर रहा है। इससे होशियार रहो और इसे मार डालो। ये तुममें काली का रूप देखता है मगर अभी तक इसका सामना सच में किसी काली से पड़ा ही नहीं है। तुम तो इसे नंगा कर दो और ठीक वहीं पर निशाना लगाओ जहाँ पर चोट लगने से ये मर सकता है। तुम्हीं इसे मार सकती हो क्योंकि तुम्हीं इसका कवच हो। तुम अपना पेशा जानती हो मगर उतना काफ़ी नहीं है।

इस जोंक को सचमुच मार डालना इतना आसान नहीं है। यह उल्टे सबको चूस लेता है और बखूबी बचा रहता है। यह उस कदर लिजलिजा है कि इसकी नस पकड़ना नामुमकिन है। मगर मैं तुम्हें बताऊँगा इसकी नस कहाँ है। मुझे सब पता है, मगर मुझसे नहीं होगा। यह काम सिर्फ़ तुमसे होगा और मैं तुम्हारे साथ हूँ। क्योंकि इसने मेरे साथ भी वही सलूक किया है। बिना तुम्हारी मदद के मैं इसका कुछ भी नहीं बिगाड़ सकता—सिर्फ़ जब ये चला जाता है मुझे इस खड्ड में फेंक के—तब सिर्फ़ चिल्ला भर सकता हूँ—जैसे अभी चिल्ला रहा हूँ।

उत्तरकाण्ड

नहीं! उसे कुछ भी महसूस नहीं हुआ।

आँखों में पुता हुआ वह दृश्य लगभग वैसा ही था, नाली, गोबर और भाँग की झाड़ियों की वह मिली-जुली महक भी ज्यों की त्यों थी। सिर्फ़ वह आड़ू का पेड़ नदारद था और वह होता भी तो क्या फ़र्क पड़ता—उसने सोचा। जबकि वह खास तौर पर उसी पेड़ से मिलने आया था, और एक लमहे भर के लिए भी उसके भीतर यह सम्भावना नहीं कौंधी थी कि वह पेड़ अब तक कट या सड़ भी चुका हो सकता है।

गली में खुलने वाला वह दरवाज़ा भीतर से बन्द था। अगर वह खुला होता तो वह भीतर झाँकता ज़रूर। झाँकने पर वह तिमंजिला मकान—नीचे गोंठ से लेकर ऊपर सलेटी पत्थरों की छत तक—उसे समूचा दिखायी दे जाता। क्या पता छत पर इस वक़्त भी लोग उसी तरह घाम तापते हुए दही में नीबू-मूली सानकर खा रहे हों।

बन्द दरवाज़े पर उसने एक भरपूर निगाह डाली। उसकी लकड़ी जगह-जगह से सड़ चुकी थी। सुनसान गली में जल्दी से दो कदम आगे बढ़के उसने उसे छुआ और जैसे छूने से कुछ पता न चला हो, इस तरह उसे सूँघा। लकड़ी एक जगह से फूलकर चिटख गयी थी और बीचोंबीच एक दरार पड़ गयी थी। उस दरार पर आँख धरते ही उसे दुमंजिले की वह कोठरी दिखायी दे गयी जिसके सामने के चौड़े पत्थर पर पाँव रखते ही उसे लगता था वह नीचे को धसक जाएगी। उसने गौर करके देखना चाहा कि वह हाथ-चक्की उस कोठरी के कोने में उसी तरह अभी तक गड़ी है कि नहीं? पर कोठरी के भीतर के अँधेरे ने उसकी यह इच्छा पूरी नहीं होने दी। एकाएक कुछ पाँवों की आहट गली के पास ही कहीं बजी और वह हड़बड़ाकर पीछे हट गया। अभी कोई देख ले इस तरह ताक-झाँक करते हुए...तो वह उसे क्या समझेगा! चोर, उचक्का, बदमाश जाने क्या-क्या?...वह धीरे-धीरे हाथ पीछे बाँधकर आगे को सरकने लगा। हो सकता है ये लोग इसी मुहल्ले के हों और उसे पहचानते भी हों बचपन से। इस वक्त वह नहीं चाहता कोई उसे पहचाने। कितनी अजीब बात है कि कोई उसे पहचानता है तो उसे खुशी और घबराहट एक साथ होती है। पहले ऐसा नहीं होता था।

मकानों के पिछवाड़े सब गली में खुलते हैं। चोर सिपाही के खेल में यह अँधेरे कोनों से भरी हुई गली सबसे ज़्यादा काम आती थी। यह गोपू के घर का बगीचा है जहाँ उसने पहले-पहल कद्दू के डण्ठल की बीड़ी बनाके पी थी। यह बिरजू का मकान है और यह लालू का, जिसके गोठ से हमेशा एक बकरी बँधी रहती थी और इम्तहान के दिनों में पाव भर दूध उसके लिए लग जाता था जिसे वह नाक दबाकर जल्दी में एक ही साँस में गटक जाता था। फिर एक दिन उसे किसी ने बताया था कि महात्मा गाँधी बकरी का ही दूध पीते थे और उसके बाद उसकी घिन चली गयी थी।

उसे हँसी आ रही है। लालू अब कहाँ होगा? और उसका बाप परीराम हलवाई—जो उसे रोज़ एक गरमागरम जलेबी मुफ्त दिया करता था? अरे, वह तो तभी मर गया था। उसे बहुत कुछ याद आने लगा है।...गली उसके कानों में जाने क्या-क्या फुसफुसा रही है। गली धीरे-धीरे उसके भीतर उतर रही है और अब वह गली के उस छोर पर है जहाँ से वह बाज़ार में निकल सकता है और उन्हीं मकानों को अगवाड़े की तरफ़ से देख सकता है। मगर बाज़ार में मुहल्ले के लोगों की दूकानें हैं और अभी वह उनका सामना करने से कतरा रहा है। मन तो क्यों नहीं होगा! अभी जाके भाऊ कका या रत्ती सुनार की दुकान में जाकर बैठ जाये तो वह सारी चहल-पहल भीतर फिर से जिन्दा हो जायेगी-धीरे-धीरे। पर इससे पहले उसे ढेर सारे लोगों के ढेर सारे सवालों से निपटना पड़ेगा और इसमें, हो सकता है उसका मन फिर से बिखर जाये। बिखरा तो पड़ा ही था वह हफ्ते भर से। आज ही किसी तरह बाँध-बूँधकर गट्ठर की तरह उसने खुद को बाहर निकाला है दिन के उजाले में।

हफ्ते भर पहले जब वह काठगोदाम से मोटर में बैठ के आ रहा था तो उसे लग रहा था कि जो कुछ उसके भीतर इस वक़्त घटित हो रहा है उसकी तुलना सिर्फ़ उस अंजूबे से की जा सकती है जिसमें एक पुराने लकवे के मरीज़ के बरसों से काठ हुए पाँवों में अचानक खून दौड़ने लगता है।...झमाझम बारिश हो रही थी और दौड़ती खिड़की पर मुँह टिकाये वह उस दृश्य को पीता रहा था रास्ते भर...

"वह देखो कमल...वह जो नदी के साथ-साथ जंगलों के बीचोंबीच से पगडण्डी जा रहा है, वह पैदल रास्ता है हल्द्वानी का। जब मैं सातवीं में पढ़ता था तो एक फुफेरी बहन की शादी में, मैं और बाबूजी साथ-साथ इसी रास्ते से गये थे पूरे पैंतीस मील पैदल दो दिन में। पैंतीस मील! और ऐसी-ऐसी चढ़ाइयाँ और ऐसे-ऐसे उतार...कि तुम सोच भी नहीं सकतीं। और मैं मुश्किल से ग्यारह बरस का रहा होऊँगा। सोचो अपनी बण्टी जितना...

"अरे तो क्या तब यह मोटर सड़क नहीं बनी थी?"—कमल ने पूछा था : वह कुछ खीझ गया था : "मोटर सड़क बने तो साठ साल हो गये होंगे कम-से-कम।" ...वह सोच में पड़ गया था। मोटर का सुभीता होते हुए भी कोई पैदल इतने छोटे

बच्चे को लेकर पैंतीस मील का रास्ता तय करे तो इसमें अचरज की बात तो है ही। क्या सिर्फ़ पैसे बचाने के लिए? नहीं कोई और बात भी होगी। कितना मज़ा आया था रास्ते भर! बाबू कितने लम्बे डग भरते थे और फिर भी उसे थकान नहीं लगती थी। कितनी सारी कहानियाँ सुनायी थीं उन्होंने और किस क़दर हर मोड़ पर एक नया ही नज़ारा आँखों के सामने खुलता था। लगता था कभी ऊपर सीधे आसमान में चढ़ रहे हैं और कभी आसमान से नीचे घाटी की ओर पंख फैलाए उड़ रहे हैं। उतने ऊपर से नीचे पसरी हुई नदी कैसी दीखती थी जैसे बाबू वाली कहानी की दमयन्ती ही सोयी हो और नल उसे छोड़ के चला गया हो। घने जंगल की धूप-छाँह. ..कभी मील-मील भर तक बाप-बेटे दोनों खामोश...बोलने का मन ही नहीं; और एकाएक हवा की एक बड़ी लहर पूरे जंगल को छेड़ती हुई गुज़र गयी थी और बड़ी देर तक जंगल कुछ बोलता रहा था...और बाबू ने मानो उससे नहीं, अपने आप से ही कहा था कि, "देखो यह जंगल भी एक सितार है जिसे पवन देवता बजा रहे हैं।" उसे भी बड़ा मज़ा आया था बाबू की इस बात से। नहीं सिर्फ़ पैसे बचाने के लिए बाबू पैदल चलते हों ऐसा नहीं हो सकता। उन्हें पैदल चलने का व्यसन था। पैसे की बात ठीक है; ग़रीबी तो थी ही; पर सिर्फ़ उतनी-सी बात नहीं थी...

यह सब उसने सोचा था। कहा कुछ नहीं था। कहने की ज़रूरत ही क्या थी! कमल को उसने खिड़की वाली जगह पर बिठा दिया था और कहा था हवाई जहाज का मज़ा लो यहाँ बैठे-बैठे। वह जैसे पहली बार आयी हो, इस तरह जगह-जगह झरते प्रपातों को देखकर खुश हो रही थी और वह वनवास से लौटे राम की तरह उसका 'गाइड' बना हुआ था..."यह देखो भूमियाधार, यह कैंची, और यह गेठिया...इतनी ऊँचाई से कैसी दमक रही है वह घाटी!...अभी कैसी बारिश हो रही थी और अभी देखो, धूप का ऐसा रंग तुमने और कहीं देखा है? वो देखो? आसमान से धरती तक खिंचा हुआ दोहरा इन्द्रधनुष...! गुलाब की पंखुड़ियों की तरह एक के बाद एक खुलती पहाड़ों की पंक्तियाँ किस तरह आसमान की नीलाई से दमक रही थीं!...अब बताओ जब मोटर में बैठे, बिना हाथ-पाँव चलाए यह सब इतना अच्छा लग रहा है तो जब पाँवों में यह नदी, जंगल, पहाड़ लिपटे हों और साथ-साथ एक पूरा आसमान चल रहा हो तो कैसा लगेगा!...

मगर जब मोटर कोसी के साथ-साथ बहुत देर तक दौड़ती हुई एकाएक उसे छोड़कर सुयाल बाड़ी के सूखे बंजर टीलों को पार करती हुई ऊपर को चढ़ने लगी और वे सारे उजले-धुले दृश्य ग़ायब हो गये और सामने कर्बला के कब्रिस्तान का उजाड़ आँखों के सामने छा गया तो उसे अपने भीतर भी सब कुछ एकाएक सिमटता और सिकुड़ता महसूस होने लगा था। एक अजीब-सी ग्लानि जैसी भी, कि वह इतनी देर से इतना खुश कैसे था...। क्या उसकी यह खुशी बिल्कुल ही बे-जगह और बिल्कुल ही बे-वजह नहीं थी। अभी आध घण्टे के अन्दर स्टेशन आ जायेगा और

वह घर की तरफ़ ले जाने वाली उस चढ़ाई पर घिसट रहा होगा और जैसे-जैसे घर पास आता जायेगा...वहाँ जो दृश्य उसके सामने होगा—उसके सामने वह क्या करेगा?

पिछवाड़े ही पिछवाड़े कई मुहल्लों की गलियाँ छान चुकने के बाद अब वह फिर से अपने मकान के सामने खड़ा था और सोच रहा था अभी-अभी तो मैं सात रोज़ के बाद घर से बाहर निकला और अभी-अभी वापस भी आ गया। घर के लोग क्या कहेंगे! यही तो वक्त है घूमने-फिरने का। भीतर कोई-न-कोई ज़रूर आ के बैठा होगा। पड़ोस की केंजा या साबुली दीदी या रघुली आमा...। अपनी कोठरी तक पहुँचने के लिए उनके सामने से गुज़रे बिना रास्ता नहीं और इसलिए दस्तूर के मुताबिक उनके पास भी कुछ देर बैठना पड़ेगा। उलाहना सुनना पड़ेगा कि तू हमारे यहाँ क्यों नहीं आया और माँ कहेगी—"इतने दिन से आज बड़ी मुश्किल से घर से पाँव बाहर निकाला। कहाँ तो जब देखो भटकने में ही रहता था। घर में पाँव ही नहीं टिकता था इसका...और कहाँ ये हाल है कि...।" इस पर वह परोसिन केंजा या साबी दीदी या रघुली आमा "ओ बबा! ओ बबा?" करती हुई उसे समझाने लगेंगी—अरे तू इत्ता पढ़ा-लिखा होके ऐसा क्या कर रहा है? ये क्यों नहीं सोचता कि कित्ते भगवान थे वो! तुम सबको पढ़ा-लिखा, फलते-फूलते देख गये और चलते-फिरते, हँसते-बोलते चले गये। पुण्यात्मा आदमी थे। लोग तो ऐसी गति को पाने को तरसते हैं। तू ही घर का बड़ा है, तुझी को सबको सँभालना है। तू ही इस तरह हिम्मत हार जायेगा तो इनको कौन देखने वाला है?...

और वह सिर नीचा किये यह सब सुनता रहेगा और कुछ भी नहीं बोल सकेगा...। वह कैसे इन लोगों को बताये कि ऐसा कुछ नहीं है जैसा वे सोच रहे हैं। वहाँ भी वह सिर्फ़ एक ख़बर थी...महज़ एक काग़ज़ का टुकड़ा...और यहाँ भी...जब उसने देखा घर में घुसते ही कि पिता की कोठरी का नक्शा पूरा बदल गया है। उनकी खाट भी वहाँ नहीं है...कुछ भी ऐसा नहीं, जो कहीं से भी उनकी याद दिलाए। वह घर में घुसते ही सीधा उनके कमरे में गया था। क्यों गया था?—जब जिस कमरे से होकर वहाँ जाना था—उसी में माँ बैठी थी उसके इन्तज़ार में और ऊपर वाली मौसी भी—और उसके आते ही माँ फूट-फूटकर रोने लगी थी। पर वह सीधा बाबू की कोठरी में चला गया था हमेशा की तरह, और वहाँ पाँचेक मिनट चुपचाप खड़ा रहा था कोठरी के बीचोंबीच...और तब फिर वह आके माँ के पास बैठा और तब...बहुत देर तक जाके उसके भीतर थोड़ी हलचल-सी होनी शुरू हुई थी और आँखों में थोड़ी नमी आयी थी। तभी कुछ और औरतें वहाँ आ गयीं और वह उठकर सीधे अपनी कोठरी में चला गया था।

वह कैसे और किसे समझाए कि बाबू का न रहना उस तरह उसके भीतर उतरा ही नहीं है जैसे और लोगों के। इन छह-सात दिनों में उसने जितना उन्हें अपने साथ महसूस किया है उतना इन बीस-पच्चीस सालों में कभी नहीं किया। अब वे उसके सामने नहीं, उसके अन्दर हैं। बिल्कुल-बिल्कुल उसी तरह, जैसे बचपन के उन बरसों में थे जब वे उसके लिए सब कुछ थे। अन्तहीन आकाश की तरह चारों ओर से घेरे हुए और उतने ही बेरोकटोक, उतने ही बे-मालूम। कौन नहीं जानता, वह खुद भी नहीं जानता कि किस तरह वह 'सबकुछ' अपने आप एक 'कुछ नहीं' में बदलता चला गया और वह उनसे—अपने बचपन की उस सारी सहजता और आज़ादी के स्रोत से ही—धीरे-धीरे कटता चला गया। ये लोग और वह खुद, जिसे उसकी पढ़ाई-लिखायी समझते हैं और उसकी नौकरी भी—इसका उसके पिता से क्या लेना-देना है! सच पूछो तो पिता उसके लिए वैसे रहे कब, जैसे औरों के पिता होते हैं!...इसी शिकायत को लेकर तो वह ज्यों-ज्यों बड़ा होता गया त्यों-त्यों उनसे कटता गया। क्या उन्हें भी इसका पता नहीं रहा होगा? तभी तो वे चुपचाप चले गये ताकि उसे इस लम्बी असहजता से मुक्ति मिले और उन्हें भी अपने अपराध-बोध से। सचमुच, उसे लगता है, वे चले क्या गये, सचमुच वापस लौट आये हैं उसके भीतर, जहाँ उनकी जगह थी; जहाँ रहकर ही वे अपनी सारी असफलताओं को सह सकते थे और जीते रह सकते थे फिर से उसके माध्यम से—अपने उस जीवन को, जिसे उन्हें जीने नहीं दिया था; जिसे वे जान-बूझकर उसी के लिए छोड़ना चाहते थे। इन छह-सात दिनों में जैसे बीस-पच्चीस बरसों का मलबा हटा है और वह जो घुट रहा था तड़फड़ा रहा था उसके नीचे दबा हुआ...वह उसी का वह जीवन था जो बरसों से स्थगित था और बिना जिससे उबरे वह जीता चला जाता...यूँ ही एक अकारण अनर्गल ज़िन्दगी...जो यूँ भी उसे अक्सर अपनी नहीं, किसी और की ज़िन्दगी लगती रही थी। और जिसके कारण वह अपने पिता के साथ ही क्यों, किसी के भी साथ सहज नहीं अनुभव कर पाता था। सारी नियामतों और सारी तरक्की के बावजूद वह झूठा और निरर्थ था...अपने आप से ही खदेड़ा हुआ, अपने आप से बहिष्कृत।

दरवाज़े के सामने ठिठके-ठिठके ही उसे जैसे किसी ने पकड़कर पूरा घुमा दिया। एक क्षण को उसे अपनी आँखों पर विश्वास ही नहीं हुआ। सूरज का गोला स्याही देवी के कन्धे पर ढुलक आया था और चौखम्भा, त्रिशूल नन्दा देवी...की चोटियाँ यहाँ से वहाँ तक पिछले सोने की तरह झलमला रही थीं—घर के देवताथान में सुबह-सुबह माँजकर चमकाए हुए चाँदी, पीतल और ताँबे के देवताओं की तरह। उसे घर आये इतने दिन हो गये और अभी एक बार भी वह देवताथान की तरफ़ नहीं गया...यह सोचकर उसे अजीब लगा हालाँकि इसमें अजीब लगने जैसा कुछ नहीं था। बचपन की बात और थी। उन दिनों वह 'देवताथान' घर में होने वाली हर घटना का, हर उत्सव-त्यौहार का केन्द्र था। वहीं से पूजा की घण्टी के साथ सूरज उगता

था और वह वहीं पर दिया। बाती के साथ ढलता था। दिन-मास और संवत्सर सब उसी की परिक्रमा करते दिखायी देते थे...कोई भी पकवान घर में बनता था तो सबसे पहले वहीं देवताओं को भोग लगता था और तब उसे...। हाँ देवताओं के बाद घर में पहला नम्बर उसी का था और शायद यह भी एक कारण था कि देवताथान उसे इतना अच्छा लगता था। बारी उसकी भले ही उनके बाद आती हो पर इस बारे में सन्देह की गुंजाइश नहीं थी कि देवताथान के बालगोपाल से उसकी हैसियत कम नहीं थी और जब घर में उसके बाद एक-एक करके तीन बालगोपाल और आ गये, तब भी उसके इस महत्त्व में कोई कमी नहीं आयी थी। राम-लक्ष्मण-भरत-शत्रुघ्न! लड़कपन में यह वह बार-बार सुनता आया था—क्या घर में, क्या मुहल्ले के लोगों से—और इसीलिए भाइयों के बीच अपने राम-पन को लेकर उसे कभी शंका नहीं हुई थी और उसके भाइयों ने भी जैसे अनायास ही अपनी इस भूमिका को स्वीकार कर लिया था।

...उसके देखते-देखते वह सोना पिघलकर ताँबे में, ताँबा गेरू में, गेरू चाँदी में और चाँदी सीसे में बदल गयी थी और वह वहीं ठिठका रह गया था जहाँ का तहाँ। अब वह सीसा भी ठोस काले लोहे की शक्ल अख़्तियार कर चुका था। मगर हिम-शिखरों के पैने कटाव बाकी पहाड़ियों से अब भी अलग और साफ़ पहचाने जा सकते थे। साफ़ लगता था कि ये बरफ़ के पहाड़ हैं—अपने ग़रीब रिश्तेदारों से एकदम अलग और ऊँचे...आसमान में अपनी तीखी उठान को बलपूर्वक सिद्ध करते हुए...।

एक पल वह दरवाज़े की देहरी पर एक पाँव टिकाए असमंजस में खड़ा रहा और फिर दूसरे ही क्षण, जैसे बड़ा भारी निर्णय ले लिया हो, इस तरह अन्दर दाखिल हो गया। उसे लगा वह अपने घर में नहीं, किसी तहखाने में दाखिल हो रहा है। बदबू का एक भभूका आकर उससे लिपट गया। क्या मकान है! कहीं से भी धूप आने की गुंजाइश नहीं। एक कोठरी—बाबूजी वाली कोठरी तो ऐसी है, जहाँ दिन में भी बिना बत्ती जलाये नहीं घुसा जा सकता। बेचारे बाबूजी अँधेरे में ही अक्सर लेटे रहते थे कि कहीं बिजली का बिल चढ़ गया तो लोग उन्हीं से कहेंगे।

भीतर माँ की खाँसी गूँज रही थी। ज़रूर फिर खाना बनाने बैठ गयी है। क्या वाहियात ज़िद है! कितनी बार समझाया कि महीने भर तो कम-से-कम जब तक वह बहू यहाँ है—आराम कर लो। मगर जब मानें, तब न!...एक तो बहू के हाथ का खाना नहीं...तीन-चार दिन से दलिए पर चला रही है। आज सुबह से ज़रा तबीयत सँभली है तो फिर चक्कर शुरू...

आज कोई आया नहीं क्या माँ? माँ एकाएक चौंक गयी।—"नहीं, आयी तो थी वो चीलकपीट वाली बुआ तेरी। तुझ को पूछ रही थी। तू घूम आया? बड़ी जल्दी लौट के आ गया।"

"कहाँ जाऊँ? बाजार जाने को मन नहीं होता। जो भी मिलता है, वही पुछड़ा लगा देता है : "तेरहवी तक तो आ जाते, तुमने तो हद ही कर दी। क्या तुम्हें ख़बर नहीं मिली?" चाचाजी से तो मैंने साफ़ कह दिया मुझे इन बामणों का खटराग बिल्कुल पसन्द नहीं। कहने लगे—"तू क्या जानता है? तू समाज में रहा कब? मृतात्मा की शान्ति के लिए यह सब करना पड़ता है?" मैंने कहा मुझे तो इसमें शान्ति-वान्ति कुछ नहीं दिखायी देती। इतना शोरगुल, इतना धूम-धड़ाका! मुझे तो यह मृतात्मा का अपमान लगता है और मैं यह सब बर्दाश्त नहीं कर सकता। बहुत बिगड़े...कहने लगे—"तू ही एक बड़ा विद्वान निकल आया। हमारे पुरखे तो सब गधे थे, क्यों?" "अब मैं क्या कहता! उठते-उठते भी सुना के ही छोड़ा—"कुछ तो हमारी शरम होनी चाहिए तुझे। कम-से-कम मशीन तो फिरवा लेता सर में। ऐसा भी क्या!"

"अरे, तो फिर तू गया क्यों वहाँ? तुझे भी तो कल नहीं पड़ती। पुराने लोग तो जैसा उसने देखा-सुना, वैसा ही कहेंगे। तू उलटी रीत चलाएगा तो लोग क्या तेरी पूजा करेंगे? मुझी को क्या अच्छी लगती है तेरी बातें? जेठा-पाठा तू ही ठहरा। कल को तेरे भाई भी तेरी तरह हो जायें और कह दें दद्दा नहीं मानता-निभाता तो हम ही को क्या पड़ी है? तो बता, मैं यहाँ कैसे मुँह दिखाऊँगी? वो तो भगवान ने ही पत रख रखी है कि तेरे भाई कुछ कहते नहीं। सब बातों में तुझी को ऊपर रखते हैं और जैसा बताओ वैसा चलते हैं, तेरी जिम्मेदारी अपने पै ले लेते हैं। तू क्या समझता है, तू यहाँ होता तो लोग गणेश को ये सब करने देते? ऐसी बीमार हालत में बारह दिन तक इतनी कठोर तपस्या क्या उसके बूते की थी? मगर जब तू नहीं आया तो उसके सिवा करता कौन? वो तो"...माँ को फिर से खाँसी का दौरा पड़ गया।

"बस बस, तू बोल मत ज़्यादा। तुझे खाना बनाने को किसने कहा? तू मानती क्यों नहीं? तू इस तरह अपनी जिद पै अड़ी रहेगी तो मैं कल ही यहाँ से चल दूँगा" ...उसके स्वर में फिर वही रूखी चिड़चिड़ाहट उभर आई, जिससे वह बचना चाहता था। "वो कहाँ गयी?"...उसने भरसक अपनी आवाज़ को मुलायम बनाते हुए पूछा।

"तेरी बहू सामने मलीहाट की काकी के यहाँ गयी है। मैंने ही भेजा ज़बर्दस्ती। कुछ तो यहाँ का रीत-रिवाज़ देखना चाहिए। बड़ा निहोरा करके गयी थी काकी। मैंने कहा—"जा भेंट कर आ। इतने बरस बाद आयी है।"

"तो आज अभी उसे भेजने की क्या ज़रूरत थी?" वह झुंझला गया..."एक तरफ इंजेक्शन लग रहे हैं, सेंक-मालिश चल रही है और कहाँ तू एक धोती पहन के रोटी पाथने बैठ गयी। तुझे हो क्या गया है? एक तो ये नहीं खाना वो नहीं खाना, पचास तरह के टण्टे इन हत्यारे बामणों ने ऐसे ही लगा रखे हैं। तिस पर तुम्हारे जैसी औरतों ने इन्हें और भी सर पे चढ़ा रखा है। मरने वाला तो मर गया। जो ज़िन्दा बचे हैं वे भी ज़िन्दा न रह सकें, इसका पूरा बन्दोबस्त करके रखा है धूर्तों ने..."

"चुप रह! ऐसे कुबोल मुँह से नहीं निकालते। बामणों को गाली क्यों देता है? यह तो अपने पुरखों की लीक है। हमने जनम भर ऐसा ही देखा और अब उल्टी रीत चलाके अपना ये लोक, परलोक दोनों मट्‌टी करना है क्या? तुम लोग ठहरे परदेसी। तुम्हें कौन टोकने वाला है। जैसे रहना हो रहो। जो करना हो करो। हमें तो यहीं रहना है, यहीं निभाना है"..."तो रहो ना। निभाओ ना, जो कुछ करना है करो"—उसके मुँह से निकला और वह बौखलाया-सा उठ खड़ा हुआ।

"अब जा कहाँ रहा है? गरम-गरम रोटी खा ले। फिर बैठना अपना पोथी-पत्रा ले के।" माँ के स्वर में कोई शिकायत नहीं थी। वह और कुढ़ गया। यह भी नहीं देखती कि जो लड़का कभी मुँह उठाके जवाब भी नहीं देता था, वह क्यों इस तरह बात-बात में झल्ला रहा है? इसका क्या कारण है? नहीं, इस पर तो नाराज़ी का भी कोई असर नहीं होता। बका करो जो बकना है मेरी तरफ़ से। तुम तुम्हारा देखो। मैं अपनी फिकर खुद कर लूँगी।

"ला फिर लगा थाली"...उसने कहा और जूता-वूता खोल के हाथ-मुँह धो के रसोई में जा बैठा, "माँ! आज मैं तल्लीहाट वाले घर की ओर गया था। वहाँ वो आड़ू का पेड़ तो था ही नहीं। किसने काटा होगा वो? क्यों काटा होगा?"

"तू भी कैसी बच्चों जैसी बात करता है! वो तो कभी का सूख-साख के खतम हो गया होगा। जब मैं पैदा भी नहीं हुई थी तभी से वो पेड़ वहाँ था। तेरे नाना ने, मैंने, तूने सबने उसके फल खाये हैं। आखिर आड़ू ही तो था; कोई अक्षयवट तो था नहीं"—माँ को हँसी आ गयी और उसके साथ ही खाँसी भी चल निकली।

"माँ, वो मकान कित्ता अच्छा था ना! मुझे सबसे ज़्यादा याद उसी की आती है। कल रात सपने में मुझे वो घर और लाल फूलों से लदा हुआ पेड़ दिखायी दिया। तो क्या माँ, हमारे नाना भी उसी मकान में बड़े हुए थे?"

"और नहीं तो क्या? तेरे चाचा को ही दुर्मत आई। बंसी काका तो बहुत ही नाराज़ हुए, कहने लगे—तू छोड़ कैसे गयी उस घर को? तेरे देवर को जाना था तो जाता। मैं तुम्हारे लिए दुकान अलग खाली कर देता। अब मैं क्या कहती! तेरे बाबू तो अपने भाई से अलग रहने की बात तक नहीं सोच सकते थे। मैं क्यों बीच में पड़ती। सुबह सूरज निकलने से पहले धूप आ जाती थी और सूरज डूबने तक रहती थी। जाड़ा जाड़ा जैसा लगा ही नहीं कभी, जब तक वहाँ रहे। जिस साल वो घर छोड़ा, उसी साल से ये गठिया वात भी मेरी जान को लगा। बुरा ही बुरा हुआ तब से, विपत ही विपत पड़ी। तेरे बाबू का भी धन्धा तभी से चौपट हुआ..."

माँ बोलते-बोलते सहसा चुप हो गयी और हाँफने लगी। माँ के चेहरे को एकटक देखता रहा वह। अच्छा-सा लगा उसे कि माँ को भी उस घर से इतना लगाव है। वह भी अभी तक भीतर-ही-भीतर उन दिनों की यादों से जुड़ी है। उसे भी किसी

चीज़ के छूटने का दर्द है। उसके पास भी स्मृतियाँ हैं। वह भी अनुभव करती है। "माँ, वो मकान था किसका? क्या नानाजी का नहीं था?"

माँ के मुँह से एक ठण्डी साँस निकल गयी। "नहीं रे, नाना के पास घर-कुड़ी कहाँ से आएगी? उन्हें तो उनके नाना ने रहने को दिया था। मगर तीन पुश्त हो गये। बंसी काका कह रहे थे—"जान्धवी! तू और तेरे बाल-बच्चे ज़िन्दगी भर वहाँ रहते। मैं क्या कभी तुमसे कुछ कहता? किराया भी क्या था उसका? नाम करने को एक रुपैया साल। और जब उन्होंने बढ़ा के पाँच रुपैया किया तो तेरे चाचा को आग लग गयी। आज भी मैं उनसे कहूँ—बंसी काका! वो घर तुम मुझे दे दो तो राजी-खुशी तैयार हो जायेंगे।"

"तो फिर तू कह दे ना! अब भी क्या बिगड़ा है? हम वहीं चले जाते हैं। यहीं तुझे कौन-सा सुख है? न धूप, न हवा, ऊपर से यह बदबू का नरक। मेरा तो यहाँ दम घुटता है। इससे तो वो मकान स्वर्ग था।"

"सच में रे, इससे तो वो सरग ही था। सवेरे उठते ही आँगन से सामने देवी के दरसन होते थे। कानों में आरती के घण्टे पड़ते थे। मन्दिर बगल में। तेरे बाबू की दूकान भी उन दिनों अच्छी चलती थी, किसी बात की कमी नहीं थी, मेरी ही मति हरण हुई। मेरी किस्मत में तो..."

"बोल मत माँ तू"—उसे पछतावा-सा होने लगा। काहे को इस वक़्त उस घर का जिकर ले बैठा। पर सच में, पहली बार पता चला कि माँ को भी उस मकान से उसी की तरह लगाव है। जाने ऐसी कितनी बातें होंगी उसके भीतर दबी-घुटी, जिन्हें वह कभी नहीं कहती। पर सोचती तो होगी मन ही मन, या सोचती भी नहीं होगी। कौन जाने! "उस घर में आजकल कौन रहता है माँ?" उनसे बात बदलने की कोशिश की।

"और कौन रहेगा? जो रजुवा नाई आया था हमारे बाद, उसी का कब्जा है। अब तो उसने भी पलटन बज़ार में अपना दोतल्ला मकान बना लिया है। खाली करने ही वाला होगा। तू कहे तो मैं बात करूँ बंसी काका से।" कर ना। आज अभी कर तू बात"—वह बेहद उत्साह से भर गया। "सच कहता हूँ, तू वहाँ बिल्कुल चंगी हो जायेगी। अभी तुझे हमारी खातिर कम-से-कम बीस साल और ज़िन्दा रहना है। यहाँ तो तू...।"

"यहाँ तो तू ये साल भी खींच ले जाये तो बहुत है"...उसके मुँह से निकलने को था—उसने जबरन अपने को रोका। पर सच में, जबसे उसने घर में कदम रखा है, तबसे यही डर उसे दबोचे हुए है। जब अच्छे-खासे चलते-फिरते बाबू तक बिना एक दिन का भी नोटिस दिये फुर्र से उड़ गये तो इस हड्डियों के पोले पिंजरे का क्या भरोसा। आज भी कम-से-कम दो-तीन व्याधियाँ वहाँ बदस्तूर डटी हुई हैं। अड़ियल किरायेदारों की तरह।

"तू आज ही उनसे बात कर ले"—थाली सरकाकर वह उठ खड़ा हुआ।

"नहीं रे!" माँ का स्वर बुझा-बुझा था। "मैं तो यह घर छोड़ नहीं सकती। तू ठहरा परदेस में। बाकी दोनों भी जब यहाँ नहीं हुए तो मेरी तरफ़ से परदेस ही हुए। अकेला गणेश और मैं; किसके लिए माँगूँ? कौन रहेगा वहाँ?"

"तो यहीं कौन-सी जायदाद धरी है तेरी इस नरक में?..." वह लगभग चीख पड़ा।

"नरक-सरग अब जो भी है बेटा, अपने भाग का यही है। भय्या मरते समय मुझसे कह गये थे, "जान्धवी, तेरे भरोसे ही छोड़ के जा रहा हूँ..."

"तो मरो यहीं मेरी तरफ़ से"—वह बुदबुदाया।...माँ ने हाथ जला लिया है शायद, तवे से रोटी उतारते हुए। उँगली फूँक रही है...उसने सुन लिया है शायद। क्या फ़र्क पड़ता है! जब जन्म देने वाली माँ ही सुबह से शाम तक "ओ राँड, तेरा नाश हो जाये। तू कभी सुख से न खा सके।"...राम-नाम की तरह रटती रहती है तो फिर यह तो लड़का ही हुआ। गाली खाने को ही तो जनम लिया था।

मुँहअँधेरे से ही ऊपर बयानवे बरस की बुढ़िया दादी गाली बकना शुरू कर देती है। आस-पास के सारे लोग सुनते हैं। ताऊजी ज़िन्दगी भर की पसीने की कमाई लगा के रिटायर होने के बाद यह मकान बना गये। जैसे ही मकान बनके तैयार हुआ, खुद ही चल दिये। लाख समझा दिया ताई ने, कि अरे, इन लोगों के नाम पै कुछ भी नहीं है, सिवा इस तहखाने के। बाकी पूरा मकान हमारे ही नाम कर गये हैं। पर दादी एक नहीं सुनती। उसके प्राण इस जायदाद में अटके हुए हैं। जब तक उसकी रात-दिन की फटकार से यह बहू और उसका पूरा परिवार नष्ट नहीं हो जाता, तब तक वह अपने प्राण जैसे भी हो, अटका के रखेगी।

उसे माँ से आखिर इस तरह बोलने का क्या हक़ है? समझा के नहीं कह सकता था, कि "माँ, व्यर्थ की भावुकता में कुछ नहीं रखा। हमें जिनका भरोसा था, उन्हें खुद अपने आप पर भरोसा नहीं रहा, इसलिए आज हमारी यह हालत है। पर उनका भी कोई कसूर नहीं; कसूर सब मेरा है बल्कि हम सब भाइयों का है जो तुम्हें और बाबू को इस शरणार्थी ज़िन्दगी की ग़लाज़त से नहीं उबार सके। बाबू तो चले ही गये। पर तू तो कुछ दिन चैन से काट। बंसी काका से हम मुफ्त नहीं लेंगे। डेढ़ सौ साल पुराना मकान है। पानी-बिजली कुछ भी नहीं, चारेक हज़ार ले लें और तेरे नाम कर दें। उन्हें किस चीज़ की कमी है! खुश ही होंगे कि अपने ही लोगों के पास हैं।"...

उसने फिर से जूते पहन लिए और कुछ देर यों ही रसोई के सामने ठिठका रहा। चूल्हे की लौ फिर से बैठ गयी थी और वह फूँकने जा रही थी। फूँक मारते ही ढेर सारी राख उड़ी तो उसे फिर से खाँसी आ गयी। वह बुरी तरह हाँफने लगी

और दोनों हाथ छाती पर दबाके सिर दीवाल से टिका दिया। उसे पता नहीं कि मैं यहीं सामने खड़ा हूँ। वह कुछ देर उसकी खाँसी के थमने का इन्तज़ार करता रहा फिर झटके से निकलकर बाहर को चल दिया। खोली के बाहर बस एक सेकण्ड के लिए वह रुका...खाँसी बराबर जारी थी।

वह गली से निकल के बाज़ार में आ गया और बढ़ने लगा। एकाएक उसे लगा उसे पान खाने की क़तई कोई इच्छा नहीं है। फिर वह किसलिए आ गया? अभी नौ भी नहीं बजे थे पर बाज़ार में मरघट का-सा सन्नाटा छाया हुआ था। धुँधले उजाले में दूर से ही उसने पहचाना बंसी दादा का लड़का सूरज अपने दो साथियों के गले में बाँहें डाले झूम रहा था और लगभग गाने के अन्दाज़ में बड़बड़ा रहा था...''महेश बाबू, कच्ची का मज़ा कुछ और ही है।''...और महेश दो और छोकरों की मदद से उन्हें अपनी दूकान से खदेड़ने की कोशिश में लगा था। बस थोड़ी देर और।...फिर यही सूरज...उसका बचपन का लँगोटिया दोस्त सूजा मुँह लेकर डगमगाता हुआ अपने घर की ओर घिसटता हुआ दिखायी देगा।

उसके पाँव कब उसे घसीटते हुए रघुनाथ मन्दिर के सामने खींच ले गये उसे पता ही नहीं चला। तब एक झटके के साथ उसे याद आया कि वाल्मीकि रामायण की जो पोथी वह इतवार के दिन महन्तजी के भाई से माँगकर लाया था, तीन दिन हो गये, कितना बुरा मुँह बनाया था पण्डितजी ने कि एक ही तो किताब है और कल से कथा शुरू करनी है। जबकि उसे अच्छी तरह याद था महन्तजी के कमरे में एक नहीं, दो पोथियाँ रखी हैं। ''मुझे बहुत ज़रूरी काम है। तीन दिन के अन्दर लौटा दूँगा।''...कहता हुआ वह जबर्दस्ती भीतर घुस गया था और बस्तों के ढेर में से उसने खोज ही निकाली थी वह दूसरी प्रति। महन्तजी की बात और थी। पर उनके भाई तो बहुत ही अजीब हैं। अभी उत्तरकाण्ड पूरा बाकी है। परसों तक दे दूँगा।

एकाएक उसकी आँतों को उमेठती हुई दर्द की एक लहर उसके भीतर-भीतर उठी और उसे चक्कर-सा आने लगा। वह वहीं सीढ़ियों के नीचे रखे गोल पत्थर पर बैठ गया। उस चकराहट में जैसे जादू के ज़ोर से उसकी याददाश्त की पिटारी खुल गयी और उसे वे सारी घटनाएँ याद आने लगीं जिन्हें वह बरसों से भूला हुआ था।...किस तरह बरसों वाले की उस रात वह उत्तरकाण्ड पूरा करके बाबू के साथ घर लौटा था तो अपनी कोठरी बन्द करके बिलख-बिलख के रोया था। क्यों रोया था? उसे क्या हो गया था? उसकी समझ में नहीं आ रहा था कि महन्तजी और गाँजे में डूबे और भी सारे बाबा लोग उसी कथा को सुनते-सुनते इतने गद्‌गद क्यों थे। जबकि उसके लिए बाँचना मुश्किल हो रहा था। रास्ते में उसने अपने पिता से भी पूछा था—जाने क्या-क्या पूछा था—और उन्होंने जो समझाया था—वह तब भी उसकी समझ में नहीं आया था और अब भी नहीं आता। तो क्या वह इसीलिए आज पचीस बरस बाद फिर से उसी पोथे को लेकर बैठा था कि शायद अब कुछ समझ में आ

जाये? अब कुछ भी समझना बाकी नहीं रहा। सब कुछ समझ में आ गया है। मन्दिर में जो बाँचते-सुनते हैं, वे कुछ भी नहीं जानते, कुछ भी नहीं समझते...

उसने पाया वह यन्त्रचालित-सा सीढ़ियाँ चढ़ के रघुनाथजी की युगल मूर्ति के सामने खड़ा है। क्यों खड़ा है? क्या करने आया है वह यहाँ? अब तो माँ तक मन्दिर नहीं जाती। कल कितना मन था उसका—उसे उत्तरकाण्ड पढ़के सुनाने का! मगर उसने देखा माँ को कोई उत्साह नहीं है सुनने का। उसे बड़ा अजीब लगा था। अजीब-सा डर, जो उसने पहले कभी नहीं जाना था। क्या माँ भी उसी की तरह श्रद्धाविहीन हो गयी? ऐसा कैसे हो सकता है? पर ऐसा क्यों नहीं हो सकता? क्या मिला उसे ज़िन्दगी भर रघुनाथ मन्दिर जा के! फिर वह इतने सारे व्रत-नेम अभी तक क्यों निभाती है? क्या महज़ अभ्यासवश? और मैं?...और बाबू? क्या बाबू का अकेलापन माँ से भी कहीं अधिक दारुण और असहाय नहीं रहा होगा?

उसकी आँखें बरबस सामने सीता-राम की युगल मूर्ति पर जा टिकीं। दोनों मुस्करा रहे थे...''आओ देवाधिदेव! स्वर्ग तुम्हारे बिना सूना पड़ा है प्रभु! तुम्हारी लीला पूरी हुई। तुमने जिस काम के लिए मनुष्य-देह धारण की, वह प्रयोजन पूरा हो गया। अब तुम्हारी यहाँ ज़रूरत नहीं। पधारो हे त्रिलोकीनाथ। हम सारे देवता तुम्हारा स्वागत करते हैं...।''

...और राम—मर्यादा पुरुषोत्तम राम—गले-गले तक सरयू में डूबे खड़े हैं। लक्ष्मण उनके पहले ही प्राण विसर्जित कर चुके हैं। सीता अपने ही आँसुओं से फटी हुई धरती के गर्भ में विलीन हो गयी है। नर-वानर...समेत समूची अयोध्या राम के साथ जल समाधि ले रही है। एक पूरा युग डूब रहा है। त्रेतायुग। ''आओ प्रभु, आओ, अब तुम्हारी वहाँ ज़रूरत नहीं। तुम्हारा काम पूरा हुआ। अपनी लीला समेटो।''

और रघुनाथ...संगमरमर के रघुनाथ मन्द-मन्द मुस्करा रहे हैं...और महन्तजी कह रहे हैं—''जो इस कथा को सुनेगा वह अर्थ-काम-मोक्ष सभी कुछ प्राप्त करेगा। धन-धान्य, पुत्र-पौत्रादि सभी उसको मिलेंगे। शूद्र जन भी इसे सुनकर महत्त्व लाभ करेंगे...।''

वह झपाटे से सीढ़ियाँ उतर गया और घर की ओर भागा। अपनी कोठरी में पहुँचकर फैले हुए पन्नों को समेटकर उसने गट्ठर बाँधा और उसे बगल में दाबे फिर से रघुनाथ मन्दिर की ओर चल दिया। जैसे इस बस्ते को महन्तजी के भाई को सौंपे बिना आज रात उसे नींद नहीं आयेगी, जैसे वह गट्ठर उसकी मेज़ पर नहीं, उसकी छाती में अटका हुआ हो; छाती के भीतर चट्टान की तरह अड़ा हुआ हो...।

गंगाजल

'संगम स्पेशल' लिखा देखकर मेरे जी में जी आया। नागपुर इलाहाबाद एक्सप्रेस बारह बजे छूट चुकी थी और उसके बाद शाम चार बजे तक कोई बस नहीं थी। मुझे इलाहाबाद पहुँचकर पाँच बजे वाली सहारनपुर पैसेंजर पकड़नी थी। कण्डक्टर ने मुझे भरोसा दिलाया था कि यह गाड़ी मुझे साढ़े तीन से पहले ही इलाहाबाद पहुँचा देगी।

बस पूरी भर चुकी थी। सूटकेस हाथ में लिये मैं खड़ा-खड़ा इन्तज़ार करता रहा कि कोई चमत्कार हो जाय, किसी के घट में भगवान बैठ जाय जो अपनी सीट मेरे लिए खाली कर दे।

इतने में एक गोरा जो ड्राइवर के पीछे वाली सीट पर बैठा हुआ था—उठा और मेरी बाँह पकड़कर अपनी बर्थ पर खींच ले गया। एक सीट खाली थी। मुझे थोड़ा अचम्भा हुआ कि इतनी देर तक मेरा ध्यान इस ओर क्यों नहीं गया। कहीं ऐसा तो नहीं, कि मैंने देखा तो हो, मगर एकाएक अंग्रेज की बगल में बैठने की हिम्मत न हुई हो। यह एक वाहियात ख्याल था, जिसे मैंने उसी वक्त निकाल बाहर किया और अपनी सीट पर आराम से अकड़ गया। अपना पोर्टफोलियो मैंने कुछ इस तरह गोद में सहेजकर रख लिया कि उस पर लिखा 'राइटर और जर्नलिस्ट' साफ़-साफ़ पढ़ने में आ जाय।

"क्या आपको भी इलाहाबाद ही जाना है?" उसके इस प्रश्न के साथ ही मेरा ध्यान उस रुद्राक्ष की माला की ओर चला गया जो उसके कीमती कोट के अन्दर से झाँक रही थी। तत्काल मेरा सन्तोष काफूर हो गया। तो यह भी एक हिप्पी ही है?...कपड़ों से, हाव-भाव से वह मुझे बहुत अभिजात लगा था।

"मुझे अलमोड़ा जाना है"—मैंने कहा। काफी रुखाई के साथ। उसमें मेरी दिलचस्पी खत्म हो चुकी थी और मैं नहीं चाहता था बात आगे बढ़े।

उसकी आँखें चमक उठीं। "अलमोड़ा?"

—"अलमोड़ा तो मैं भी जा रहा हूँ।"

"हाँ हाँ! मुझे मालूम है। सैकड़ों हिप्पी मेरे शहर को गन्दा कर रहे हैं। आज

चार-पाँच साल से मैं देख रहा हूँ...'' मैंने बहुत ज़ोर से मगर मन ही मन कहा। मैं चुप रहा। मुझे डर लग रहा था कि मैंने अपनी तरफ़ से ज़रा-सा भी कुतूहल दिखाया तो वह पचास बातें बनाएगा और अलमोड़ा तक मेरे साथ चिपका ही रहेगा।

''आप भाग्यशाली हैं जो ऐसी जगह रहते हैं।'' उसके मुँह से निकला। अचकचाकर मैंने उसकी ओर देखा। भला क्यों?...''आप इंग्लैण्ड से आ रहे हैं क्या?''

''नहीं! अमरीका से।'' वह बोला। और मेरा रहा-सहा सन्देह भी मिट गया। तब तो यह निश्चय ही हिप्पी है।

''मुझे बाबा रामदास ने भेजा है।'' वह बोला—''आपने नाम तो सुना होगा। वही, जो पहले रिचर्ड आलपर्ट के नाम से जाने जाते थे हारवर्ड के प्रोफेसर और साइकेडेलिक रेवल्यूशन के विख्यात अगुवा।...उन्हें बाबा नीमकरौली ने दीक्षा दी थी।''

मुझे चुप्पा देखकर वह कुछ अधीर हो उठा। ''क्यों बाबा से तो आप परिचित होंगे ही? वहीं तो रहते हैं आपके अलमोड़े में।''

''जी नहीं'', मैंने जवाब दिया। ''मैं उनसे कभी मिला नहीं। और न मिलूँगा।''

उसने चौंककर मुझे देखा। कहा कुछ नहीं। उसकी चुप्पी से मुझे अकुलाहट हुई। मैंने अपने को कहते पाया—''जिस अध्यात्म का हमारे जीवन से, हमारे रोज़मर्रा के जीवन से कोई सम्बन्ध ही न हो, उसका हम क्या करें? उसमें हमारी क्या दिलचस्पी हो सकती है!...''

''कीर्केगार्द में तो हो सकती है न?'' उसने टोका तड़ाक से। मुझे लगा वह व्यंग कर रहा है। मेरे लिए यह एक चुनौती थी। ''बेशक''—मैंने कहा—कीर्केगार्द में मेरी दिलचस्पी है। क्यों न होगी। नीमकरौली बाबा तुम्हारे मुझे क्या दे सकते हैं? सिवा इस घुटन भरे अहसास के, कि उनके और मेरे बीच में कोई पुल नहीं है। न वे मेरी भाषा समझ सकते हैं, न मैं उनकी।''

उत्तेजना के मारे मैं चुप हो गया। उसने मेरी ओर देखा तक नहीं। गरदन झुकाए वह बैठा रहा। फिर—मानो मैं हूँ ही नहीं—इस तरह बड़बड़ाने लगा—जैसे अपने-आपसे...

''कितनी अजीब बात है! बाबा और पश्चिम के एक ऐसे आदमी के बीच—जो हिन्दुस्तानी अध्यात्म के बारे में कुछ नहीं जानता, जो उसमें उल्टे, पाखण्ड, ढकोसले के सिवा कुछ नहीं देखता, वह तक बाबा को समझ लेता है और बाबा एक क्षण में उसके दिलोदिमाग पर कब्ज़ा जमा लेते हैं; पूरब और पश्चिम की खाई मिनटों में पाट दे सकते हैं। और आप कह रहे हैं कि...आपके और बाबा के बीच कोई संवाद ही सम्भव नहीं है। कितनी अजीब बात है—?''

''अजीब आपके लिए होगा। हमारे लिए इसमें कुछ भी अजीब नहीं है। हम

नहीं चाहते अपने दिलोदिमाग पर किसी का कब्ज़ा।—यह आप को ही मुबारक हो।" मैंने झल्लाकर कहा। एक बार, केवल एक बार जब मैं नवें दरजे में पढ़ता था, मुहल्ले के महेशीलाल जी अपने लड़के की नौकरी लगाने के लिए बाबा के पास गये थे। मुझे भी अपने साथ खींच ले गये थे। मेरे लिए वह एक कौतुक था। किसी राजा का दरबार भी इतना तामझाम वाला न होता होगा। दो सुन्दरियाँ बाबा की आरती उतार रही थीं। महेशीलाल जी उनके पैरों पर बिछ गये थे। मैं चुपचाप कुछ दूर पर खड़ा रहा। हाथ भी शायद नहीं जुड़ पाये थे। बाद में उन्होंने मेरे चाचाजी से मेरी उद्दण्डता की शिकायत की थी। मुझे याद है इसी बात पर मुझे एक चाँटा भी रसीद किया गया था।

तभी से मुझे वितृष्णा हो गयी थी। मेरे संस्कार बचपन में काफी धार्मिक थे। मैंने सन्त एकनाथ और नामदेव की कहानियाँ पढ़ी थी। मेरे मन में सन्त और योगी की कल्पना ही कुछ और थी। उस तामझाम ने मेरे मन में घृणा पैदा की। वहाँ बड़े-बड़े एडवोकेट और अफसर मौजूद थे। उस दिन के बाद पता नहीं क्यों—साधुमात्र से मेरा विश्वास उठ गया था।

पर एक बात मेरी समझ में नहीं आती थी। बाबा की प्रसिद्धि चमत्कार के लिए थी। बाबा रामदास वाला प्रसंग मैंने एक प्रसिद्ध मासिक में पढ़ा था और बचपन से ही जैसी कहानियाँ बाबा के चमत्कारों के बारे में सुनता आया था उन पर सहसा अविश्वास भी नहीं होता था। मुझे मन ही मन लगता था—चमत्कार होते होंगे। मगर चमत्कार का सच्चे अध्यात्म से, आदमी के वास्तविक जीवन से क्या सम्बन्ध है, यह मेरी समझ से बाहर था।

बाबा रामदास का शिष्य आँखें मूँदे जाने कितनी देर से चुपचाप बैठा था। दोनों हाथ ढीले—गोद में पड़े हुए एक के ऊपर एक। पाखण्डी कहीं का।—मैंने मन ही मन कहा। पर भीतर कहीं उसके प्रति कौतूहल भी बढ़ा।

सहसा बस एकाएक धीमी होती-होती रुक गयी और ज़ोरों का कोलाहल कान में पड़ा—"बोलो गुरु महराज की जय।—बोलो गुरु महाराज की जय।—" मैंने खिड़की से बाहर झाँका। एक ऊँचे भरे डीलडौल का, बढ़िया चिकन का कुर्ता-धोती पहने, त्रिपुण्ड लगाए आदमी—और उसे चारों तरफ़ से घेरे हुए सौ-डेढ़ सौ के करीब देहाती जन।

पता चला गुरु महाराज इसी बस से यात्रा करेंगे। यहाँ के एक गाँव में कथा कहने आये थे।

पाँच मिनट—दस मिनट—पन्द्रह मिनट बीत गये।—और गाड़ी खिसकने का नाम ही न ले। मैंने ड्राइवर से पूछा, "क्या बात हैं भई। क्यों नहीं गाड़ी स्टार्ट करते?—हमारी ट्रेन छूट जायेगी तो?—"

"बाबूजी! देख तो रहे हो ना। हम क्या करें" वह विरक्त भाव से बोला।

"गुरु महाराज का सामान चढ़ जाय, तभी तो चलेंगे।"

"ऐसी की तैसी तुम्हारे गुरु महाराज की"—मेरे मुँह से निकलने को हुआ पर निकला नहीं। "मगर यह तो बताओ, गुरुबाबा को बिठाओगे कहाँ? हमारे सर पर?" "अरे वो सब हो जायेगा।" उसने एक तरसभरी मुस्कराहट मुझ पर फेंकी और नीचे उतर गया।

ऊबकर मैं भी गाड़ी से उतरा। वह अमरीकी भी मेरे पीछे-पीछे उतर गया। आठ बड़े-बड़े टोकरे अभी नीचे ही थे। चार-पाँच आदमी उन्हें ऊपर चढ़ाने में व्यस्त। और गुरुबाबा मूँछों पर ताव देते हुए—अपनी महिमा में मन्द-मन्द मुस्करा रहे थे। सहसा उनकी आँखें मेरी आँखों से मिलीं। उनमें पूरी एक बोतल रम का नशा था। एकाएक मेरी आँखों के सामने रणबिरिया घूम गया। नन्दादेवी के मेले में बड़े-बड़े भैंसों को एक ही झटके में साफ़ कर देने के लिए विख्यात रणबिरिया...! इतने में मोटर का हॉर्न सुनायी दिया। एक बड़ा टोकरा अभी भी बस की छत से त्रिशंकु की तरह नीचे लटक रहा था। कण्डक्टर चिल्ला रहा था—"अब यहाँ तिल धरने की भी जगह नहीं। नीचे ही कहीं रखवा दो। यह टोकरा ऊपर नहीं चढ़ेगा।" "चुप बे हरामी। जमा उसे। कैसे नहीं जमेगा...।" एक कड़कती आवाज़ पीछे से आयी और मैंने घूमकर देखा। मूँछों पर ताव देता हुआ एक मोटा-तगड़ा आदमी पुलिस की वर्दी में। गौर से देखा तो थानेदार मालूम पड़ा।

"आप ही आकर जमा लो ना", कण्डक्टर बोला।

"तेरी साले की..." थानेदार तैश में आकर आगे को लपका ही था कि गुरु बाबा ने झपटकर उसकी बाँह थाम ली। "जाने दो जजमान। सब हो जायेगा फिकर मत करो।" और अपने दो भक्तों को आँख से इशारा किया—"जाओ मुँह क्या देखते हो। कण्डक्टर की मदद करो।"

"आप मान नहीं रहे हैं। चलती बस से टोकरा न लुढ़क जाये तो कहना..." कण्डक्टर कह रहा था।

"तुम जमाओ तो सही उसे। कैसे नहीं जमेगा? यह लो रस्सी।—" दोनों भगत जा चढ़े। यात्रियों के सामान को रौंदते हुए।

"अभी नहीं चढ़ा बे!" ड्राइवर चीखा। पन्द्रह मिनट से गड़गड़ाती गाड़ी एकाएक चुप हो गयी।

"चलो—" हाँफता हुआ कण्डक्टर नीचे उतरा। जानवरों की तरह लोग गाड़ी में भरने लगे। गाड़ी फिर से स्टार्ट हुई।

"बाबूजी, आप पीछे बैठे जायेंगे जरा", कण्डक्टर मेरे सामने आकर बोला।

"क्यों क्या बात है?" मैं बुरी तरह बौखला गया।

"यहाँ गुरुबाबा बैठेंगे।"

"गुरुबाबा की—" मेरे मुँह से एक भद्दी गाली निकलने को हुई। "मैं यहीं

बैठूँगा''—मैंने कहा, ''दूसरी जगह बिठाओ उन्हें। यहाँ कहाँ जगह है?''

''जगह दिल में होती है जजमान''...मैंने मुड़कर देखा—वह आदमी मेरे सर पर खड़ा था—उसी तरह मन्द-मन्द मुस्कराता हुआ। ''जाने दो भई। उधर देखो वो लोग चले जायेंगे पीछे। उठो भइया! हमको और हमारे जजमान को यहाँ बैठने दो। गंगा मइया तुम्हारा भला करें।

पता नहीं इस 'गंगा मइया' में ऐसा क्या जादू था कि चार सीटों वाली पूरी बर्थ खाली हो गयी और दो आदमी दो औरतें, दो बच्चे उठकर खड़े हो गये और चुपचाप पीछे की ओर बढ़ लिए। ये सब देहात के सीधे सादे लोग थे जो गुरुबाबा के ब्रह्मतेज से, और उससे कुछ ही कम थानेदार के व्यक्तित्व से आतंकित जान पड़ते थे।

गरमी के दिन—और ओवरलोड बस। जितनी सीटें, उससे दूने यात्री। आधे बैठे—आधे खड़े। लू के डर से सारी खिड़कियाँ बन्द।—मारे उमस के बुरा हाल था। मैंने अपने सहयात्री की ओर देखा। वह उसी तरह आँखें मूँदे, सर झुकाए दोनों हाथ गोद में डाले बैठा था। जैसे प्रार्थना कर रहा हो। इस दमघोट माहौल के बीच उसकी यह निर्विकार शान्ति मुझे बुरी तरह खल गयी। गुरु महाराज अपने जजमान को श्रीमद्भागवत सुना रहे थे। जिन लोगों को विस्थापित करके वे आराम से पसरे हुए थे, वे खड़े-खड़े उनका मुँह ताक रहे थे। मुझे एकाएक एक बात सूझी और तिलमिला कर मैंने अपने सहयात्री की बाँह पकड़कर झकझोर डाली। वह अचकचाकर मुझे ताकने लगा।

''आपने गीता पढ़ी है?''

''जी।'' वह बोला, बिना चौंके। ''खूब अच्छी तरह। मुझे कई श्लोक कण्ठस्थ भी हैं। दो साल हार्वर्ड में रहकर मैंने संस्कृत भी सीखी थी।''

''तब तो स्थितप्रज्ञ की परिभाषा आपने देखी ही होगी। मगर उसका असली अर्थ गीता में नहीं, यहाँ है।—देखा आपने हम लोग कितने स्थितप्रज्ञ हैं।''

वह मुस्करा दिया चुपचाप। ''हू इज दिस मैन—'' एक क्षण रुककर उसने मुझसे पूछा। गुरुबाबा की तरफ़ इशारा था उसका।

''यह हमारा अध्यात्म है'', मैंने अपनी आवाज़ को भरसक तल्ख बनाते हुए कहा—''आपके गुरु से इसका रुतबा किसी कदर कम नहीं है, आपने देखा? जिसके लिए एक पूरी गाड़ी आधे घण्टे खड़ी रखी जा सकती है। जिसके सामने पचास यात्रियों की सुविधा-असुविधा कोई माने नहीं रखती। आपके नीमकरौली बाबा तो खास-खास आदमियों के—आप जैसे भद्र लोगों के—आध्यात्मिक गुरु हैं। मगर यह आदमी हमारी विशाल जनता की आध्यात्मिक आकांक्षाओं का प्रतिनिधि है।''

वह ठठाकर हँस पड़ा। पहली बार मुझे उसका चेहरा जीवन्त और मानवीय लगा। ''काहे का अध्यात्म!—यह तो खासा मक्कार और धूर्त लग रहा है चेहरे से ही।'' उसने उसकी ओर हिकारत से देखते हुए कहा।

मैं उत्साहित होकर कुछ और कहने जा ही रहा था कि मेरा ध्यान उस गुरु बाबा कहे जाने वाले व्यक्ति की ओर चला गया। गाड़ी की रफ्तार एकाएक धीमी पड़ गयी थी जिससे कई वाक्य एक साथ मेरे कानों में धकापेल करते खड़े हो गये। गुरुबाबा अपने थानेदार-जजमान को गंगाजी में स्नान करने का माहात्म्य समझा रहा था। अकस्मात् बिजली की फुर्ती से एक ख्याल मेरे दिमाग में आर-पार कौंध गया। पहली बार मैं उस आदमी से मुखातिब हुआ। "आप क्या श्रीमद्भागवत की बात कर रहे हैं?" मैंने बड़ी मुलायमियत से पूछा।

मेरी वाग्धारा में इस तरह खलल डालने वाला यह कौन है?—कुछ इस भाव से उसने मुझे घूरकर देखा और घूरता ही रहा। "जी।" वह बोला। "आपकी तारीफ?"

"मेरी तारीफ कुछ नहीं। मैं तो केवल आपसे एक शंका का समाधान चाहता था। आप तो शास्त्र-मर्मज्ञ हैं। एक श्लोक मुझे समझा देंगे?"

जैसे मैंने उस पर हमला बोल दिया हो, वह एकदम चौकन्ना हो गया। "आपने संस्कृत पढ़ी है क्या?" उसने पूछा।

"जी हाँ, थोड़ी बहुत।" मैंने कहा। मेरी कठिनाई दूसरी है। श्लोक का अर्थ तो मैं जानता हूँ पर गूढ़ार्थ मुझे नहीं मालूम। वही जरा आपसे—

"कौन सा श्लोक है, बताइए" वह बोला। मैंने श्लोक शुरू किया। एक-एक शब्द पर ज़ोर देते हुए—

"किं चाहं न भुवं यास्ये, नराः मय्यामृजन्त्यघः
मृजामितदघं कुत्र, राजंस्त्रत विचिन्त्यताम्"

"आपने क्या समझा?" गुरुबाबा बोले। मास्टर की तरह मुझे खड़ा करते हुए।

"इसमें समझना क्या? साफ़ ही है। भगीरथ गंगाजी से पृथ्वी पर उतरने का आग्रह कर रहे हैं और गंगाजी का कहना है कि मैं इसलिए नहीं आना चाहती कि लोगों को अच्छा बहाना मिल जायेगा। लोग अपने तमाम पाप मुझमें बहा जायेंगे। भगीरथ! तुम्हीं बताओ, मैं उस पाप को कहाँ धोऊँगी! इतने सारे लोगों के पाप मैं कैसे ढोऊँगी!"

इतना कहकर अपनी ही आवाज़ की उत्तेजना से अभिभूत मैंने प्रतिक्रिया के लिए उसकी ओर देखा। वहाँ कुछ नहीं था।

"कहिए न", मैंने उसे कुरेदा।

"आपको मालूम है यह किस स्कन्ध में हैं!" उसने मेरी मूर्खता पर तरस खाते हुए कहा।

"नहीं। मगर इससे क्या फर्क पड़ता है!" मैंने कहा।

वह चिढ़ गया। "यह है महाशय, ग्यारहवें स्कन्ध में। समझे—" और मुझे परे धकेलकर वह फिर थानेदार से बात करने में मशगूल हो गया।

मेरा वह अमरीकी सहयात्री बड़े ध्यान से हम लोगों की बातें सुन रहा था। "मैं काफी कुछ तो समझ गया। मगर आप फिर समझा दीजिए।" उसने कहा। मैंने उसे अंग्रेजी में पूरे श्लोक का अर्थ समझा दिया। उसका चेहरा खिल उठा। "मगर यह तो बताइए, कि भगीरथ ने फिर गंगा को क्या जवाब दिया।"

"भगीरथ ने?–भगीरथ ने कहा–माता! तुम्हारी बात सच है। मगर यह तो सोचो कि जहाँ हज़ारों पापी तुममें डुबकी लगायेंगे, वहाँ कभी कोई पुण्यात्मा भी तो तुममें स्नान करेगा। माँ! उसका पुण्य ही तुम्हारी मलिनता को हरेगा और इतने पापियों के बावजूद निर्मल बनाये रखेगा।"

"ओह!"–उसके मुख से निकला। वह एकाएक बहुत गम्भीर हो आया। मैंने उसकी बाँह को छुआ। कहा, "उस थानेदार को देख रहे हो न? होने को तुम और हम भी पापी ही हैं। मगर हम जैसे एक हज़ार आदमी भी जाकर गंगा में डूब मरें तो भी इतना पाप नहीं छूटेगा, जितना इस एक पिशाच के नहाने से।"

क्या बच्चों की तरह खिलखिलाकर हँस पड़ा। "दैट्स वेरी फनी। मगर मैं तो कुछ दूसरी ही बात सोच रहा था।"

"क्या सोच रहे थे?" उत्सुक होकर मैंने पूछा।

"यही, कि यह थानेदार तो साल में एक बार जाके नहाता होगा। मगर वह थानेदार का बाप तो–गंगाजी के किनारे ही डेरा डाले रहता होगा और रोज़ नहाता होगा। मैं तो समझता हूँ हरिद्वार से कलकत्ते तक एक भी पापी गंगा न नहाए, तो भी यह अकेला ही समूची गंगा को अपावन करने को काफी है।"

हम खूब हँसे। फिर मैंने उससे कहा, "आप तो खासे समझदार आदमी मालूम पड़ते हैं। फिर नीमकरौली बाबा के पास क्यों जा रहे हैं?"

वह मजे से मुस्कराया। बोला, "इसका उत्तर मैं एक ही शर्त पर दे सकता हूँ। जब आप मेरे साथ आश्रम चलें।"–वह कुछ रुका। फिर शरारत के अन्दाज में बोला, "घबराइए नहीं। मैं दण्डवत करने को नहीं कहूँगा।"

"आई एम सॉरी", मैंने हाथ जोड़ दिये।

"नो नो। यू नीड नाट बी सॉरी", मेरे कन्धे थपथपाता हुआ बोला।

मारे गर्मी और उमस के बस के यात्रियों की हालत खस्ता थी। बच्चा गोद में लिये एक स्त्री झटके से बस रुकने के साथ ही मेरे ऊपर गिर पड़ी। बच्चा बिलख उठा।

"बच्चा हमें दे दो", अमरीकी बोला। बच्चे को उसने गोद में लिया और उसे खिलाने चुप कराने की कोशिश करने लगा। मगर व्यर्थ। बच्चा और ज़ोर-ज़ोर से रोने लगा। बस का सारा शोरगुल उस एक बच्चे की रुलाई में डूब गया। औरत बच्चे को गोद में लेकर वहीं फर्श पर ढेर हो गयी और उसे दूध पिलाने लगी। मगर बच्चे का रोना-चिल्लाना बढ़ता ही गया।

"पानी पिलाओ उसे पानी। बच्चे को प्यास लगी है।" कोई चिल्लाया।

"पानी कहाँ है?" औरत ने निराश भाव से इधर-उधर देखा। अमरीकी ने अपना वाटर बैग खोला और हताश सिर हिलाने लगा। "मैं तो रीवा में पानी लेना ही भूल गया," उसने कहा, "अब क्या होगा?"

सहसा मुझे याद आया। मैंने उस गुरुबाबा कहे जाने वाले व्यक्ति से कहा, "आपके पास शायद पानी है। बच्चे को पिला दीजिए ना थोड़ा-सा।"

"जी?" वह गुर्राया। सुनी-अनुसनी करते हुए। मैंने गला फाड़कर अपना वाक्य दोहरा दिया।

"पानी मेरे पास कहाँ है?" उसने आँखें तरेरते हुए मुझे जवाब दिया। मैंने उसके पाँवों के पास रखी टोकरी की ओर इशारा किया जिसमें से बन्द लोटे जैसा कुछ झाँक रहा था।

"अरे वो नहीं" उसने कहा। "उसमें चार बूँद गंगाजल है। और वो हमें चाकघाट में एक भगत को देना है।"

"यह क्या बोल रहा है?" अमरीकी ने मुझसे पूछा। उसकी भी आँखें उस बरतन पर जा टिकी थीं। वस्तुस्थिति को वह भाँप गया था।

बच्चा बुरी तरह चिल्लाए जा रहा था। मैंने अमरीकी के कान में ज़ोर से कहा, "यह बोल रहा है कि मेरे पास पानी नहीं है; गंगाजल है और मैं इसे नहीं दे सकता क्योंकि इसका ग्राहक पहले से तय है।" "नहीं देगा!" अमरीकी ताव खा गया। मैं कुछ कहूँ, इसके पहले ही बिजली की फुर्ती से लपककर उसने टोकरी से वह लोटेनुमा बरतन खींच निकाला और उसे खोलकर बच्चे के मुँह से लगा दिया।

एक पल को वह गुरुबाबा नाम का व्यक्ति स्तब्ध रह गया। इतनी तेजी से यह सब घटित हुआ कि उसकी समझ ही में नहीं आया यह क्या हो गया? कैसे हो गया। फिर उसका मुँह गुस्से से लाल हो उठा। वह भयानक लगने लगा। उसकी जबान को जैसे लकवा मार गया। थानेदार कभी उसे देखता, कभी मेरे साथी को। बच्चा पानी पीकर एकदम चुप हो गया था। अमरीकी ने खाली लोटा उठाकर लापरवाही से टोकरी में फेंक दिया तो दाँत पीसते हुए गुरुबाबा ने लोटे को अच्छी तरह टोकरी में सहेजा और होठों ही होठों में बुदबुदाया..."साला म्लेच्छ!...हरामी!" सहसा उसकी आँखें मेरी आँखों से मिलीं और वह मुझे घूरता ही रह गया। मानो घूरकर ही मुझे भस्म कर देगा।

मैं सोच रहा था कि जो काम अमरीकी ने किया, वही अगर मैंने हिम्मत जुटाकर कर दिया होता तो क्या होता?...तत्काल मैंने इस विचार को मन से झटक दिया। और खिड़की से बाहर पहाड़ी दृश्य को देखने में रम गया। गाड़ी धीरे-धीरे ढलान से उतर रही थी। चाकघाट पास आ रहा था।

विस्फोट

वह फिर आ गया...नींद के भीतर भी उसकी लाठी बजे तो मैं पहचान लूँगा उसे। ऊँघती-भिनभिनाती इस बाज़ार की दुपहर में एक सूराख-सा करती हुई उसकी बड़बड़ाहट। क्या है इस आवाज़ में जो, मन की परतों को भेदता चला जाता है—मुझे मुझसे बाहर खींच लाता है। जी करता है उसका पीछा करूँ—लाठी की तरह उसके पीछे लग जाऊँ—जहाँ तक वह जा रहा हो, वहाँ तक...उस दिन मैं उसके पीछे-पीछे लच्छू की दूकान तक चला गया था। वहीं तक उसका मोनोलॉग भी चला था। बोलेगा तो प्रपात की तरह अजस्र अनवरत। और चुप हो जायेगा तो ऐसे, जैसे गूँगा हो गया हो, बिल्कुल समतल हो गया हो।

अरे, कोई है रे देखने वाला? मेरे तीस करोड़ रुपये लेके हजम कर गया वो राँडी का चेला। मेरे तीस करोड़ रुपये! लाओ रे लाओ मैं अभी ज़िन्दा हूँ, मरा नहीं। तीस करोड़ रुपये! कोई कम हुए? बताओ। मुझे गाड़ी में बिठाके ले गया। खड्ड में गिर गया अब कहाँ ढूँढ़ूँ उसे! वो राँडी का बच्चा मेरे तीस करोड़ रुपये ले गया और मुझे 'भ्योल' घुरा गया। नहीं खायेगा रे, तू राँडी का चेला मेरे तीस करोड़ कैसे खायेगा? कोई खेल है! सभी ने देखा है उसे। सभी पहचानते हैं। फिर पकड़ते क्यों नहीं उसे? तमाशा क्यों देख रहे हो? मोटर फेल हो जाय उसकी। नहीं भुगतेगा साला। महाराज तुम्हारे हाथ जोड़ूँ, पकड़ दो उस रण्डे को। बस, मेरे तीस करोड़ ले आओ, बड़ी मेहरबानी होगी तुम्हारी। तीन तुम भी ले लेना (खिलखिलाहट) अब क्या करूँ फिर! ऐसा ही ठहरा। मोटर में गया है। मोटर भ्योल से भी निकाल ले गया। नहीं खायेगा रे तू, देख लेना साले!"

यहाँ पर एक लोकगीत का टुकड़ा...और फिर खामोशी। ठक-ठक कुछ देर तक, फिर वह भी बन्द। मोनोलॉग बड़बड़ाते हुए उसके पाँव नहीं थमते। पर गीत का टुकड़ा वह एक जगह ठिठककर ही गाता है। हाथ पैर भी जैसे अपने गले के साथ-साथ उसे गीत को सौंप देने हों या गीत के ही हाथ-पैर काफी हों।

खिड़की पर कान लगाये मैं आँखों से उसका पीछा करता रहा। वह बाँस गल्ली से भी आगे बढ़ गया—अपनी उसी वक्र संचारी गति में डोलता हुआ। खामोश, अपने

भीतर गुम। एक लड़का फिर उसके पीछे लग गया है। लाठी फटकारता वह रुक गया है। गाली दे रहा होगा। यहाँ से सुनायी नहीं दे रहा। यहाँ भी कल कुछ लड़के उसकी नकल उड़ाते हुए उसकी लाठी को बार-बार धकिया रहे थे। मैं ऊपर से चिल्लाया तो भाग गये।..."जीते रहना जो भी हो तुम। भगवान तुम्हारा भला करे। गाली मुखाली खाना अच्छा लगता है इनको। जाने क्या बिगाड़ा है मैंने इनका। खामखाह तंग करते हैं।" मुझे अच्छा लगा मगर उसके साथ-साथ लड़कों का कौतुक बिगाड़ देने पर हल्का-सा अफसोस भी। अगर वे मेरी नहीं सुनते या कुछ मुझी को बोल देते तो स्थिति हास्यास्पद हो जाती कि नहीं? आज मगर कोई नहीं आया। इस मोहल्ले में इसे छेड़ने। इतना बड़ा बाज़ार है, इतने सारे लोग अपनी दूकान पर बैठे-बैठे उसके मोनोलॉग का मज़ा लेते रहते हैं। पर लड़के उसे छेड़ते हैं तो कोई कुछ नहीं कहता। उल्टे और मजा लेते होंगे। पर मज़ा तो विघ्न पड़ते ही किरकिरा हो गया। मजा तो तब आये जब कोई उसे न छेड़े और वह अपनी रौ में बोलता चला जाये। पर ऐसा कैसे हो सकता है! शायद रोज़ का यह थिएटर भी अब लोगों में वैसी दिलचस्पी नहीं उभारता।

नहीं ऐसा तो नहीं है। मैंने देखा है खुद अपनी आँखों से। लोग अपने कामधाम में लगे हुए भी उस पर कान लगाये रहते हैं। मुखर टिप्पणी भी जड़ते हैं। सब कौतुक है, सब लीला है। वे लड़कों को क्यों रोकें? उनका कौतुक क्यों बिगाड़ें! मैं उन्हें दोष नहीं देता। वह भी उन्हीं में से एक है। यह महज एक अनधिकृत संयोग है कि वे वहाँ दूकान में बैठे पैसा कमा रहे हैं और 'वह' उन्हीं में से एक—उन्हीं की ज़िन्दगी का एक छिटका हुआ अंश—दर्जनों थिगलियों और बरसों-बरसों की मैल की परतों को धारण किये यहाँ रोज़ इस बाज़ार में उन्हीं अपनों से भीख माँगते हुए और भीख मिलने न मिलने से बिल्कुल बेपरवाह—अपनी सनातन आत्मा की सनातन बेचैनी और दर्द व बौखलाहट को सार्वजनिक अभिव्यक्ति दे रहा है। शायद यह उसके दुर्भाग्य की ही कीमियागरी है कि उसकी अभिव्यक्ति जहाँ एक ओर उसके ज़िए-भुगते हुए की सीधी और दुर्निवार तल्खी से अभिषिक्त है, वहीं वह अपनी व्यक्तिबद्धता से उबरकर एक चौतरफा दूर-दूर तक मार करने वाली उलटबाँसी में भी रूपान्तरित हो चुकी है।

वह जो बकता है उसके पीछे एक विजड़ित काल—सिर्फ़ सुदूर अतीत का एक अनचुका हादसा-ही नहीं है। उसकी बड़बड़ाहट मेरी दुनियां के बीचोंबीच से बहती हुई गुज़रती है। बहती और चीरती हुई—मेरी दुनिया को, मेरे समय को, खुद उसको। हर बार उसका स्वगत प्रवाह एक अजब तरह से नया होता है। दुहराता हुआ भी हर बार ताज़ा। ताज़ा घाव-सा।

अब तक मेरा ख्याल है, वह कचहरी बाज़ार तक तो ज़रूर पहुँच गया होगा। मुझे नहीं लगता वह वहाँ भी कोई मोनोलॉग बोल रहा होगा। कचहरी बाज़ार में कौन

बनेगा उसके आत्मालाप का साक्षी! निश्चय ही यह मेरा भ्रम है; पर जाने क्यों लगता है; उसकी पागल प्रतिभा का विस्फोट इस समूचे बाज़ार में सिर्फ एक ही जगह होता है! और वह जगह यही मेरे कानों की, मेरे सुनने की पहुँच है। जहाँ मैं बैठा हूँ, उसके पचासेक कदम आगे और पचासेक कदम पीछे तक। इस चरम विस्फोट के बाद उसका सारा तेज अन्तर्लीन हो जाता है और वह लाठी खटखटाता हुआ अपने खास वक्रसंचारी अन्दाज़ में बाजार के इस पार से उस पार, उस पार से इस पार भीख माँगने का मूक अभिनय करता हुआ, चुपचाप अपने भीतर के खड्ड में गुम होता चला जाता है।

आज वह एक दूसरे ही मूड में था। परसों उसे मैंने पहली बार सुना था। और मेरा मन हुआ था उसे तभी लिख डालने को। पर उस प्रवाह को लिपिबद्ध करना उस पर डाका डालने जैसा लगा था। ज़रूरत भी नहीं थी। मैं दिन भर उसकी गिरफ्त में था। दिनभर वह टेप की तरह मेरे भीतर बजता रहा था। अभी भी बज रहा है...

"राम, राम। कैसा राम? कहाँ गया धनुष-बाण? मर्यादा पुरुषोत्तम क्या इसी को कहते हैं! आँख फूट गयी? दिखायी नहीं देती यह इतनी अमरजाद? कहाँ की स्थिति (थित) और कहाँ की मरजाद! राम हो तो उठाओ अपना धनुष-बाण और कर दो इन राक्षसों का खतड़ुवा। तब मैं कहूँगा कि हाँ तू सचमुच राम ही है। जब जोड़ूँगा हाथ तुझको। ऐसे थोड़े ही हाथ जोड़ दूँगा। क्या समझ रखा है मेरे को? ढुंग-पाथर को हाथ जोड़ूँगा मैं? क्या फरक है उस ढुंग-पाथर में और इसमें (बाज़ार के पत्थर पर लाठी ठोकते हुए)? नहीं होगा फरक तो उन हरामी के बच्चों के लिए, जो खुद ही ढुंग-पाथर हैं, मनुष्य की कोई लकीर ही जिनमें नहीं है। वो कानी के चेले तुझ ढूंग-पाथर को राम नहीं कहेंगे तो और किसे कहेंगे? मुझको? कभी नहीं। राम-राम कर दी उनने और तू खुश हो गया कि तू राम ही है। मेरी आँखें फूटीं-फूटीं, क्या तेरी भी फूट गयीं? मुझ अन्धे तक को जो दिखायी दे रहा है वो तुझको नहीं दीखता? धन्य है तुझको। राम-राम कहते हैं—कैसा राम! किसका राम! धनुष-बाण हाथ लेके खतड़ुवा दिखा दे तो मैं भी करूँ राम-राम। क्यों कहूँगा मैं? नहीं कहूँगा—जा। समझ क्या रखा है मुझे? नहीं जानता मुझको तू?..."

और वह दोनों हाथ लाठी में टेक के ज़ोर-ज़ोर से गाने लगा था—"भजो रे भैया, राम गोविन्द हरी"....फिर जैसे एकाएक ख्याल आ गया हो कि यह क्या कर रहा है, तुरन्त पलट में उसने एक लोकगीत शुरू कर दिया था। वह भी सिर्फ़ एक पंक्ति, एक ही टुकड़ा। पर किस दर्द और मस्ती के साथ...लहर पर लहर उठाता हुआ...! निश्चय ही उसके भीतर वह पूरा गीत चमकता होगा। ऐसे कितने ही गीत उसके कण्ठ में, उसकी आत्मा में बसे होंगे। फिर वह एक ही टुकड़ा गा के चुप क्यों हो जाता होगा? इस लम्बे और बेमानी से भिक्षाटन के पथ पर क्या कोई ऐसा खास पड़ाव

होगा जहाँ वह उस पूरे गीत को गाता होगा? या फिर, जब शाम ढले वह अपने घर (कहाँ होगा उसका घर?) पहुँचता होगा तब खाना खाने के बाद और सोने के पहले वह ज़रूर गीत गाता होगा।

उसकी आवाज़ बेहद कर्कश और खरखरी है। पर जैसे ही वह गाना शुरू करता है, उसकी आवाज़ बदल जाती है। बड़ी मुलायम और मीठी हो आती है। क्या उसके भीतर एक नहीं दो जगहें हैं?...एक वह, जहाँ से वह गाता है...और दूसरी वह जहाँ से आत्मालाप सिरजता है और गालियाँ ईजाद करता है?

मैं उसका जीवन इतिहास जानना चाहता हूँ। पर मुझे अपने इस चाहने पर शक होता है। मैं जानता हूँ, वह जानकर अभी जितना जो कुछ जान सका हूँ, उसमें कुछ बढ़ने वाला नहीं है। घट भले ही जाय। बहुत नज़दीक से और बहुत दूर से देखना नहीं होता। यहाँ से जितना मुझे दिखायी दे रहा है, उतना ही काफी है। हाँ उसका जीवन-इतिहास भी उतना ही 'सार्वजनिक' निकले, जितना उसका आत्मालाप, तो मुझे अचरज नहीं होगा।

मकर-संक्रान्ति

आज मकर-संक्रान्ति है। एक ही त्यौहार ऐसा है जिसकी तारीख अटल है। बाकी सारे त्यौहार तो तारीख को ही नचाते रहते हैं : उनका कोई भरोसा नहीं। संक्रान्ति का ही भरोसा है। शायद इसीलिए हम उसे भी त्यौहार की तरह मनाते हैं। ठीक ही तो है। संक्रान्ति सभी को व्यापती है सभी को व्यापनी चाहिए। मगरमच्छों को भी क्यों नहीं?

मगर मुझे मगरमच्छों की बात नहीं करनी है। बड़ी मछली-छोटी मछली की भी नहीं। फिर मैं यहाँ क्या कर रहा हूँ? नीचे वहाँ घर के अन्दर तिल के लड्डू बन रहे होंगे। क्या मैं भी यहाँ छत पर तिल का ताड़ बनाने जा रहा हूँ? मुझे किसी ने नहीं कहा कि तुम मकर-संक्रान्ति पर निबन्ध लिख के लाओ। क्या मैं निबन्ध लिखने जा रहा था? मैं तो आज सुबह से—बल्कि, कहना चाहिए, कल रात से ही एक कहानी का पीछा कर रहा था।

हवा बहुत तेज़ है। जिस दरी पर मैं बैठा हूँ उसके कोने बार-बार उठकर खड़े हो जा रहे हैं। इतनी तेज़ हवा में इस छत पर आके बैठना और वह भी इस गरज़ के साथ, कि कुछ लिखा-पढ़ी हो सकेगी, बिल्कुल ही फिजूल बात है। और हवा भी कैसी! सीधे पिण्डारी ग्लेशियर से आती हुई। कितना नीला आसमान है और क्या ही धूप खिली हुई! मगर हवा धूप लगने दे, तब न? बिल्कुल चैन नहीं इस हवा को। जाने कहाँ-कहाँ से रेत उड़कर कागज़ पर बिखरी आ रही है। कुछ तो मुझे मालूम है, अपनी छत की ही पैदावार है। चाहे जितना झाड़-फूँक के रखो, इस छत की फितरत ही ऐसी है कि पूरी साफ़ तो कभी रह ही नहीं सकती। इसकी बनावट में ही रेत है। हाँ, इसके अलावा कुछ रेत दूसरों की छतों से और कुछ ज़मीन से भी उड़ के आ जाती होगी।

इस बीच मेरी ऊंगली पर एक चींटी चढ़ आयी है। गनीमत है आज मक्खियाँ नहीं दिखायी दे रहीं। ताज्जुब है, इतने ऊँचे पर मक्खियाँ कैसे और किसलिए पहुँच जाती हैं! उनके लायक तो यहाँ कुछ भी नहीं। मैं मक्खियों से बहुत घबड़ाता हूँ। हमारे यहाँ एक कहावत है कि उसे मक्खियाँ लग रही हैं। यानी वह काम का नहीं

रह गया; जीते-जी मर गया। आज की तेज़ हवा में तो, मक्खियाँ तो मक्खियाँ, कव्वे तक बिला गये। अपना पड़ोसी यह पीपल का पेड़ तक बिल्कुल सूना पड़ा है। जाने कहाँ होंगे आज वे सारे के सारे कीर्तनिए! कोई घण्टे भर में मैं इस धूप की छत पर पसरा हूँ और बदन ठिठुरा जा रहा है। मैंने भी ठान लिया है कि आज सारी सुबह और सारी दोपहर मैं यहीं धूनी रमाऊँगा। हवा चाहे थमे न थमे; धूप चाहे लगे न लगे। मेरे साथ-साथ घर के कुछ और लोग भी आये थे—छत पर धूप सेंकने। निराश होकर चले गये सब। चाय का प्याला भी दस सेकण्ड में खाली कर देना पड़ा। वरना अच्छी-खासी चाय भी बर्फ़ हो जाती।

और मेरी कहानी?...जो एक बार पूरी लिखी जा चुकी थी और फाड़कर फेंक दी गयी थी! जो दूसरी बार आ रही थी और दिखते-दिखते ठिठुर गयी! उसे गरमाना चाहता हूँ ताकि वह फिर से हरकत करे और चलती-फिरती नज़र आये।

लीजिए-अब लिखिए कहानी। मगर यह माज़रा क्या है? क्या एक बार टूट जाने पर अखण्ड कीर्तन का धागा फिर से पिरो लिया जा सकता है? क्या यहाँ भी नियम बदल गये? मैं तो निश्चिन्त था कि चलो, किसी तरह छुट्टी हुई। फिर क्या? क्या लाउडस्पीकर फेल हो गया था? या मुख्य भजनीक को बेहोशी का दौरा पड़ गया था? क्यों घण्टे भर तक धोखेबाज सन्नाटा छाया रहा? अभी भी वही आवाज़ है, अभी भी वही धुन है और आवाज़ तो जैसे अभी-अभी सान पर चढ़के आयी है। पहले से भी ज़्यादा तीखी और विह्वल। एकदम धारदार। क्या हो गया था इनको? मुझे इस कॉलोनी में रहते-रहते पाँच साल तो कम-से-कम हो ही गये होंगे। पहला ही मौक़ा है यह, इस तरह अखण्ड कीर्तन सुनने का। न सुनने की गुंजाइश ही कहाँ है! किस क़दर नाग़वार गुज़रता है यह! किस क़दर फूहड़ लगता है! ज़माने भर को सुनाना रामधुन। छत पर लाउडस्पीकर ठोक के। अरे तुमको जो कुछ करना है अपने घर में करो ना। एक पूरे मुहल्ले की नींद क्यों खराब करते हो? यह बलात्कार नहीं तो क्या है? क्या यही तुम्हारा धर्म है? इस क़दर नंगा और सार्वजनिक।

खूब, बहुत खूब। मगर आप खुद क्या कर रहे हैं? यह शोर किसको चढ़ा रहे हैं और इस ज़ोर-शोर के चढ़ावे से आखिर हासिल क्या किया चाहते हैं? कुछ भी; आपसे मतलब? और क्यों नहीं? यह कोलाहल भी आखिरकार क्यों ज़रूरी नहीं? एक सार्थक विस्फोट के इन्तजार में—उसकी सम्भावना जिलाए रखने के लिए—अपनी ठिठुरती भावनाओं और सिकुड़ते विचारों का यह षोड़-षोपचार जो मैं कर रहा हूँ, आपको क्यों खटकता है? परिक्रमा क्यों करते हैं आप? घण्टे क्यों हिलाते हैं? सीधे टूट क्यों नहीं पड़ते गर्भगृह पर ही जाकर? अब ज़्यादा मत कहलावाइए। मेरी कहानी के अनखिले रह जाने और उसकी जगह यह चकर-बकर उग आने के पीछे कोई-न-कोई राज़ तो होगा। और वह यूँ ही उड़ा लेने लायक भी नहीं। मैं कैसे कह दूँ कि इस अखण्ड कीर्तन के कारण ही मेरी एकाग्रता भंग हो गयी! एकाग्रता थी

ही कहाँ, जो भंग होती! कहानी लिखने के लिए महज़ एक सूझ का सूझ जाना या किसी चीज़ का एक नया सूत्र हाथ आ जाना ही तो काफ़ी नहीं है न? आखिर मैं उस कहानी को क्यों लिखना चाहता हूँ? कहानी मेरे पीछे पड़ी है कि मैं उसके पीछे? एक आदमी—महज़ एक आदम ने मुझे बेचैन कर रखा है। मैं किसी तरह इस बेचैनी से छुटकारा पाना चाहता हूँ। मेरे शहर, मेरे मुहल्ले का वह आदमी है। बचपन में—एक अजीब ढंग से—मेरी उसकी खूब घुटती थी। वह मुझे अक्सर चिढ़ाता था। मुझे चिढ़ना अच्छा लगता था क्योंकि वह मुझे प्यार भी बहुत करता था। उसकी कौतुकप्रियता एक मेरे लिए ही नहीं, पूरे मुहल्ले भर के लिए उसकी ज़िन्दादिली का सबूत थी। सबके काम आता था, सबकी मदद के लिए हमेशा तैयार मिलता था। उसकी लोकप्रियता का यह भी एक कारण था। उसके पिता मुहल्ले के एक प्रतिष्ठित आदमी थे। हमारी बिरादरी में पढ़ने-लिखने को कोई खास महत्त्व प्राप्त नहीं था। न ग़रीबों में, न रईसों में। हाईस्कूल पास हो जाना भर काफी था और वहाँ तक भी मुश्किल से दस फीसदी पहुँच पाते थे। जयलाल भी नहीं पहुँचा। ब्यौपारी के लड़के के लिए यह कोई दुर्घटना नहीं थी। पुरानी कपड़े की दूकान चलती थी। जब तक पिता जिये, चलती रही, चलती रही और धीरे-धीरे ठप्प हो गयी, जयलाल से नहीं चली। पिता के मरने के बाद दो-चार साल किसी तरह काम चला। फिर जयलाल के छोटे भाई ने उसमें होटल खोल लिया। देखते-देखते छोटे भाई की हैसियत बड़े भाई की हो गयी और बड़े भाई की बैरे और बरतन माँजने वाले की। एकाध साल बाद जयलाल उससे भी बाहर धकेल दिये गये।

साल पर साल गुज़रते गये। हर साल छुट्टियों में मैं अपने शहर जाता हूँ और उन्हीं मैले-कुचैले कपड़ों से जहाँ-तहाँ बैठा जयलाल मेरा ध्यान नहीं खींचता। पहली बार ध्यान गया होगा तो मैंने आस-पड़ोस के लोगों से कुछ पूछा-पाछा भी होगा। कुछ उसके पक्ष में, कुछ विपक्ष में भी सुना ही होगा। ऐसी टूटी-फूटी ज़िन्दगियाँ एक नहीं, अनेक होती हैं। कोई कहाँ तक अपना ध्यान उनमें उलझाए! हम बड़े होते जाते हैं, बहुत कुछ भूलते चले जाते हैं। कभी कुछ याद भी आता है, कुछ जागता झँझोड़ता भी है तो कोई-न-कोई चालू व्यस्तता उसे तुरन्त मूँद देती है। बहाव के बीच भी कहीं-कहीं अटका और रुँधा हुआ जल नहीं दीखता? अब प्रवाह से यह उम्मीद करना कि वह उसे भी साथ ले चलेगा, क्या ज़्यादा ही उम्मीद करना नहीं है? वहाँ तो फिर भी ग़नीमत है। जिसे हम रुका और रुँधा समझ रहे हैं, हो सकता है वह वैसा न हो। भीतर ही भीतर चल रहा हो। या महज़ एक हल्की-सी झड़ी की आस में अटका हो।

अभी पिछले साल की बात है। भैरव जी के मन्दिर के सामने जो हवेली है, उसके चौतरे पर जयलाल अक्सर बैठा दीखता था। लगभग रोज़ ही मैं उधर से गुज़रता था और दोनों एक-दूसरे को देखकर भी अनदेखा कर देते थे। उस शाम भी

मैं बिना इधर निग़ाह डाले सीधे बढ़ा जा रहा था कि अचानक मेरे कान में पड़ा—''धन्नू!'' मैं चौंककर ठिठक गया। उसके होंठ फड़फड़ाए और वह मुझे देखता रहा। ''मुझसे कुछ कहा क्या जय काका?''...''नहीं बेटा कुछ नहीं''—उसने गरदन नीचे लटका दी...''घूमने जा रहा है क्या? घूम आ...'' मुझे कुछ अज़ीब-सा लगा और मैं असमंजस में टँगा-सा आगे बढ़ गया। उसके बाद मैं रोज़ ही उधर से गुज़रते हुए एक जोड़ी आँखों को दूर से ही अपने चेहरे पर चिपका महसूस करता और पास आते-आते मेरी चाल भी धीमी पड़ जाती। पर बिना उधर दृष्टि डाले मैं चलता रहता। उन आँखों का सामना करने की मेरी हिम्मत ही नहीं पड़ती—हालाँकि मैं रोज़ यही सोचकर निकलता कि आज जयलाल काका के पास कुछ देर बैठूँगा ज़रूर। कभी इच्छा होती, वह रास्ता ही छोड़ दूँ। यों रोज़ यही क्रम दुहराया जाता रहा। आख़िर मेरी छुट्टियाँ खत्म हो गयीं और वापसी के पहले दिन मैं जान-बूझकर जहाँ वह बैठा रहता था, उसके सामने वाली दूकान पर पान खाने रुका और वहीं से चिल्लाया, ''पान खाओगे काका?''...खिला दे बेटा, खिला रहा है तो''—चौंतरे से आवाज़ आयी। पान मेरे हाथ से लेते हुए उसकी आँखें मुझे बींधती रहीं—एक अजीब कातर भाव से और होठ फिर उसी अन्दाज़ में फड़फड़ाने लगे...''धन्नू! कितने दिन से तुझसे एक बात कहने को तड़फ़ रहा हूँ। पर ज़बान ही बन्द हो जाती है। तुझे कैसे कहूँ? तू बुरा तो नहीं मानेगा!''...उसकी आँखें डबडबा आयीं और आवाज़ भर्रा गयी। मुझसे कुछ बोलते नहीं बना। ''धन्नू, तेरे पास कुछ पैसे हों तो दे दे। आज तीन दिन हो गये, एक बीड़ी तक नहीं मिली''...उसने अपना सिर अपने घुटनों में छुपा लिया। उसकी पीठ हिलने लगी। मैंने एक दस का नोट निकाल के उसके हाथ में पकड़ाया और देखा कि हाथ बुरी तरह काँप रहा था। मैं एक क्षण भी रुके बिना तुरन्त वहाँ से छूट निकला।

वे एक जोड़ी आँखें इस हज़ार मील दूर शहर में भी मेरा पीछा नहीं छोड़तीं। जाने क्या बात है—उससे कहीं ज़्यादा अभागे लोग मेरी ज़िन्दगी में आये होंगे। कोई इस क़दर मेरे दिमाग़ पर तो कभी हावी नहीं रहा। जयलाल में ही ऐसी क्या विशेषता है? और मज़े की बात यह, कि इस मामूली-सी घटना के पहले भी जयलाल आख़िर जयलाल ही था और कभी मेरा ध्यान उसकी ओर उस तरह गया नहीं; जबकि इस घटना के बाद मुझे जयलाल से जुड़ी हुई सैकड़ों बातें एक के बाद एक इस तरह याद आने लगीं कि मैं घबरा उठा। पहले तो कभी इस तरह याद नहीं आती थी। इतना लम्बा रिकॉर्ड आखिर दिमाग के किस कोने में दुबका रहा होगा इतने दिन! क्या इस घटना की नोक लगने का ही इन्तज़ार था उसे?

जयलाल के पिता बहुत दिनों तक ठेकेदारी करते रहे थे। लोग कहा करते थे, जिसे बच्चा भी ठग ले जाये, इस तरह का गऊ आदमी, यह ठेकेदारी क्या करता होगा? पर करते तो थे ही। और अच्छा खाते-पहनते हुए हर सार्वजनिक काम में

सबसे आगे बढ़के खर्च भी करते थे। किसी चीज़ की कमी तो लगती ही नहीं थी। इसीलिए तो शायद उन्हें अपने लड़कों को लिखाने-पढ़ाने की भी खास चिन्ता नहीं थी। सोचते होंगे जैसे मेरा चल गया, वैसे इनका भी चल ही जायेगा। और पिरमलाल का होटल अच्छा नहीं चलता, यह आज भी कौन कहेगा।

मुहल्ले में ज़्यादातर तो संयुक्त कुटुम्ब ही थे। अक्सर दो भाइयों के बीच लड़ाई ठन जाती। जयलाल के पिता जाने कहाँ से एकदम पहुँच जाते और दृश्य में उनके पैठते ही मिनटों में शान्ति स्थापित हो जाती। "मिले न जगत सहोदर भ्राता"—उनका तक़िया-क़लाम होता और उसका असर भी अचूक हुआ करता। हालाँकि खुद उनके कोई भाई नहीं था, माना जयलाल बहुत कर्मठ नहीं था—माना, उसके भाई को जैसा चलता-पुरजा सहयोगी चाहिए था, वैसा जयलाल नहीं निकला। माना, जयलाल के कुछ अपने भी उसूल या खब्त होंगे। जो पिरमलाल को नहीं सुहाते रहे होंगे। तो भी सगे बड़े भाई से बरतन मँजवाना—मुहल्ले भर के सामने उसे ज़लील करते रहना—और अन्त में मारपीट के उसे बाहर कर देना—ऐसा तो हमारे यहाँ कभी सुना ही नहीं गया।

शायद इसी घटना और इस घटना की नोक पर तिलमिलाते स्मृतिचित्रों से प्रेरित होकर एक दिन मैंने जयलाल की कहानी लिख ही डाली। लिखने के बाद तुरन्त एक लेखक मित्र को सुनायी। उन्हें पसन्द नहीं आयी। बोले, "—क्या हुआ, इसका चित्रण भर काफ़ी नहीं है। संवेदना भी काफ़ी नहीं है। हम विज्ञान युग में रह रहे हैं। हमारी दिलचस्पी यह जानने में है कि जो हुआ वह कैसे हुआ?" बात मुझे लग गयी। अपनी कहानी मुझे भावुक और अनर्गल लगने लगी। कुछ समय बीता और मुझे कहानी और उसके चरितनायक का एक दूसरा ही पहलू दिखायी देने लगा : कमज़ोर होना ही सबसे बड़ा पाप है, सबसे बड़ा दोष। सुनने में आया कि जयलाल की स्त्री भी उसे छोड़कर अपने मायके चली गयी और वहीं रहने लगी। क्यों? आख़िर क्यों? जिस आदमी को उसका भाई ही नहीं, उसकी स्त्री भी सहन नहीं कर पाती, वह आदमी निश्चय ही बुनियादी तौर पर ग़लत है। क्या साहित्य ऐसे विकलांगों का आश्रम है? सवाल आज व्यक्ति का नहीं, एक पूरे समुदाय के विकास का है। जीवन एक निर्दय संघर्ष है। हमेशा ही रहा है। पर आज ही हम इसकी तीखी असलियत को सही-सही, बिना भावनाओं की लाग लपेट के एक बुनियादी सच्चाई के रूप में स्वीकार कर सके हैं और जो कर्म, जो विचार इस स्वीकार से प्रेरित नहीं, वह झूठा और हानिकारक है। बिशनदास बड़बाज्यू का ज़माना बहुत पीछे छूट चुका है। उन मूल्यों को चौपट होना ही था, वे भावुकता के मूल्य थे, वास्तविकता से उनका कोई लेना-देना नहीं था। उन्हीं मूल्यों में आज भी लिथड़ता हुआ जयलाल अपने भाई पिरमलाल के लिए—जिसे आज और अभी की दुनिया में ज़िन्दा रहने का संघर्ष करना है—उस भाई के लिए—जयलाल जैसा आदमी एक खामखाह की उलझन ही नहीं,

बेमतलब का बोझ भी है, जिसे उतार फेंकना ही स्वाभाविक होता, ढोये चलना नहीं। यही सहज बुद्धि का तर्क है और यही उस निपट जिजीविषा का भी, जो आदमी को चलाती है। पिरमलाल ने जयलाल को नहीं, एक अनिवार्य सत्य के नियमों ने ही जयलाल को धक्के देके बाहर किया। उस अन्तिम शरण से भी जिसके योग्य वह नहीं बचा था। क्या ग़लत कहा था पिरमलाल ने कि "जाओ और अपना पेट खुद कमाओ। मेरे आसरे मत रहो। अपने मन की करनी है तो अपने पाँव पर खड़े होओ। टुकड़े खाओगे मेरे और चाहोगे कि बड़े भाई भी बने रहो। यह नहीं चलेगा।" सचमुच ऐसे तो नहीं ही चल सकता था।

उफ़्, मेरा दिमाग एक सौ अस्सी अंश के कोण से घूम गया। मेरी कहानी में अब पिरमलाल ऊँचा चढ़ गया। 'कैसे?' के उत्तर में की गयी मेरी मशक्कत आखिर रंग ले ही आयी। निश्चय ही यही सच है। ज़िन्दगी की दौड़ में पिछड़ने वाले आदमी का यही हश्र होना था। दया, ममता, सहानुभूति सब आर्थिक नियमों के अधीन हैं। हम भावुकता से ऊपर उठके सीधे तथ्यों को देखें और उनका मनन करें तो जिसे हम बड़ी भारी चीज़ समझ रहे थे, वह सिफ़र से ज़्यादा नहीं निकलेगी। एक पुरानी दुनिया थी झूठी अनसमझी संवेदनाओं की—वह मर चुकी; उसका मिटना ही श्रेयस्कर है। उसे बिसूरते रहना असत्य का साथ देना होगा, अनैतिक होगा। नहीं, मैं जयलाल जैसे खराब और लाइलाज़ हो गये पुरजे पर अपनी संवेदना का अपव्यय नहीं करूँगा। भीख तो भीख ही है, चाहे हाथ फैलाते हुए माँगने वाले का कलेजा ही क्यों न फटा जा रहा हो।

ऐसा भी नहीं कि कहानी मैंने दोबारा सचमुच लिख ही डाली हो। पर जो नक्शा उसका मेरे मन पर खिंच गया था, वह इस क़दर साफ़ और सटीक था कि लिख लेने के बराबर था। उसे लिख डालने में कोई उलझन, कोई भटकाव नहीं था। न लिखने के दौरान ही उसमें किसी नयी खोज या नये अचरज की सम्भावना थी। कहानी इतनी साफ़ हो गयी थी कि उसे लिख करके ज़्यादा साफ़ नहीं किया जा सकता था।

कहानी टलती रही, टलती रही, क्योंकि वह कभी भी बैठ के लिख ली जा सकती थी। परसों मेरा भाई आया घर से। उससे मुझे पता चला कि पिरमलाल का दूकान पर बैठे-बैठे अचानक हार्ट फेल हो गया और अब जयलाल अपने भाई के छोटे-से लड़के को गद्दी पर बिठाकर खुद होटल चला रहा है। मेरे भाई को पूरी आशंका है इस बात की, कि जब दो-एक साल में यह लड़का काम समझ लेगा तो वह अपने चाचा को भी कहीं उसी तरह 'टिरी' न कर दे जिस तरह उसके बाप ने कुछ साल पहले किया था। उसका कहना है कि मुहल्ले वाले भी अधिकांश ऐसा ही सोचते हैं और उनमें से कुछ तो जयलाल के मुँह पर भी कह जाते हैं कि "सँभाल रहे हो, सँभालो—तुम्हारे सिवा और कौन है इनको सँभालने वाला। मगर आगे की भी सोच लेना। अपना इन्तज़ाम पहले करना।" सुना, जयलाल की ऐसी बातों पर कोई

प्रतिक्रिया नहीं होती। या होती है तो सिर्फ़ यही, कि "सब अपने-अपने भाग का खाते हैं। इतना जवान-जवान लड़का चला गया! मैं ही कौन पट्टा लिखा के आया हूँ!" एक तरफ़ यह फलसफ़ा और दूसरी तरफ़—भाई बता रहा था—यह आलम है, कि नौकर रखने की ज़रूरत क्या है सोच के जूठे बरतन भी माँजने लगे हैं और बेरोज़गारी भी खुद ही निभाते हैं। कहते हैं—"मुझे इन लोगों का काम पसन्द नहीं आता। कामचोर हैं सबके सब।"...असल मुद्दा यह है कि भाई को शराब की लत लगी हुई थी। आमदनी खासी होते हुए भी जमा-पूँजी कुछ है नहीं। सो जयलाल दाज्यू को सिर्फ़ होटल ही नहीं चलाना है, कुनबे का पेट ही नहीं भरना है, बल्कि कुछ जोड़जाड़ भी करते रहना है। ताकि भाई के लड़के पढ़े-लिख भी सकें। हाँ, अब जा के जयलाल दाज्यू की समझ में यह बात बैठी है कि बिना पढ़े-लिखे की इस ज़माने में कहीं गुज़र नहीं। बड़े लम्बे अरमान हैं उनके, अपने भतीजों को लिखा-पढ़ा के लायक आदमी बनाने के।

भाई के मुँह से वह सारा वृत्तान्त मैंने सुना तो करवटें बदलता हुआ मैं इस नतीज़े पर पहुँचा कि कहानी अब तिबारा लिखी जायेगी। बड़ी झुँझलाहट हुई कि एक ऐसे चरित्र को लेकर मैं अपनी नींद खराब कर रहा हूँ जो बिलकुल ही बेकार है और जिसकी नस्ल को दरअसल अब तक मिट जाना चाहिए था। कहानी को तो कम-से-कम इस काम में सहयोग देना ही चाहिए। हृदय-परिवर्तन में मेरा यूँ भी कोई विश्वास नहीं। पैसे की शक्ति के आगे मानवीय सम्बन्धों को मैंने जीवन में कई अवसरों पर दरक जाते देखा है। भावुकता के लिए तो, यह जो मेरा जीवनानुभव है, इसमें कहीं कोई गुंजाइश ही नहीं निकलती। फिर? क्या यह मेरी मोहभंग हुई बुद्धि ही है जो इस पूरी तरह स्वस्थ और वैज्ञानिक जीवन-दृष्टि को भी पूरी तरह स्वीकार नहीं कर पाती—उसको आत्मसमर्पण नहीं कर पाती? कहानी का पहला स्वरूप तो मैंने खुद ही नष्ट कर दिया था। रहा दूसरा प्रारूप, तो वह तो, मुझे लगता है, पहले से भी ज़्यादा भंगुर निकला। वह तो खुद को मुझसे लिखवा नहीं सका। झटके होते हैं ज़रूर ज़िन्दगी में; कहानी में उनके लिए कोई जगह नहीं है और मैं अच्छी तरह जानता हूँ कि मुझे यह ताज़ा वृत्तान्त न मिलता, तो भी वह दूसरा प्रारूप कभी कहानी में नहीं ढल पाता। यह बाहर जो जयलाल है, वह खत्म हो रहा है, मैंने माना। यह भी मैंने माना, कि उसका खत्म हो जाना ही समुदाय की प्रगति के लिए श्रेयस्कर होगा। पर यह जो भीतर मेरे बैठा हुआ जयलाल है, इसका मैं क्या करूँ? यह तो मुझे उतनी साफ़-सुथरी कहानी लिखने ही नहीं देता। भले ही अभी जो ख़बर मुझे मेरे भाई के ज़रिये मिली है, उसके बदले यह ख़बर मिलती कि पिरमलाल नहीं, खुद जयलाल उस चौतरे पर बैठे-बैठे गुज़रने वाले परिचित चेहरे पर आँखें गड़ाये-गड़ाये ही अकस्मात् हृदयगति बन्द हो जाने से अपनी ग़लाज़त-भरी ज़िन्दगी से हमेशा को छुटकारा पा गया। सम्भावना तो यही थी और होना भी यही चाहिए था। जो घटित हुआ है वहाँ वास्तव में, उसे एक निरे संयोग के अलावा और क्या कहा जाय!

अब यह भी तो एक निरा संयोग ही है कि मेरे इस मुहल्ले में जिसे मुहल्ला कहना भी उसकी बेइज़्ज़ती करना है—मेरी इस पॉश कॉलोनी में आज पाँच साल में पहली बार अखण्ड कीर्तन चल रहा है और मुझे फ़िलवक़्त वह बुरा भी नहीं लग रहा है। कुछ ऐसी कशिश और विह्वलता इस कीर्तनिये की आवाज़ में है, कि मुझे अच्छा ही लग रहा है और मैं इस अच्छा लगने को लेकर खुद ही चकित हो रहा हूँ। मेरी माँ भी खुश है कि इस अज़ीबोग़रीब मुहल्ले में, जहाँ उसे अपने जैसों का कोई संग-साथ नहीं मिलता, कोई मन लगने लायक बातें भी नहीं होतीं, आज त्यौहार के दिन सवेरे से राम-नाम गूँज रहा है। हो सकता है, मुझे भी इसीलिए अच्छा लग रहा हो कि मेरी माँ को अच्छा लग रहा है, जो बरसों बाद यहाँ आयी है और जिसे, मैं चाहता हूँ, यहाँ—जितने दिन वह रहे—कुछ अच्छा लगता रहे।

मैं जानता हूँ कि इस कीर्तनिये की आवाज़ से जो भावोद्रेक मुझमें हो रहा है, वह कोई अच्छी बात नहीं है। पुराने संस्कार यदा-कदा उमड़ ही आते हैं। ज़रा-सा मौक़ा भर मिलना चाहिए। मुझे फिर जयलाल याद आ रहा है। पिताजी से इसकी शायद इसीलिए बहुत पटती थी कि दोनों सत्संग के पीछे पागल थे। सत्संग माने भजन-कीर्तन और होली-रामलीला वग़ैरह की बैठकें। ऐसा सत्संग भी किसी नशे से कम नहीं। जयलाल जैसे और भी बहुत सारे लोग हैं जो भजन-कीर्तन और उत्सव त्योहारों से मन बहलाते हैं। आख़िर मैं वहाँ क्यों जाता रहता हूँ—अपने बचपन के शहर में?...क्या मैं वहाँ एक पुरानी ज़िन्दगी के खण्डहर देखने जाता हूँ? क्या उन खण्डहरों के बीच मुझे अपनी पहचान मिलती है? अब यूँ तो यह समूचा हिन्दुस्तान ही खण्डहरों से पटा हुआ है और खण्डहरों की रखवाली की चिन्ता ने हमें कभी सताया हो, ऐसा तो नहीं जान पड़ता। इसके उल्टे ही लक्षण उजागर हुए हैं। दूसरे चिन्ता करते हैं तो हम भी सीख लेते हैं और बखूबी सीख लेते हैं। पर सदियों से जो आदत पड़ी है उसका बदल जाना इतना आसान तो नहीं है।

फिर मैं आखिर क्या चाहता हूँ? कुछ बचाना चाहता हूँ क्या? क्या है वह आख़िरकार, जिसे मैं बचाना चाहता हूँ? मुझे उस कहानी को लिखकर कुछ बचाना-वचाना नहीं था। जयलाल को भी नहीं, तो क्या अपने को? मुझे मालूम है, जयलाल मेरे व्यक्तित्व का नहीं मेरे अस्तित्व का हिस्सा है और जिस दिन मैं उसे निकाल कर फेंक दूँगा, मैं मैं नहीं रह जाऊँगा, कुछ और ही हो जाऊँगा, जो मैं भरसक नहीं होना चाहूँगा, मैं नहीं जाऊँगा, मैं नहीं चाहता कोई मेरे अस्तित्व में हस्तक्षेप करे। पर हस्तक्षेप तो हो ही रहा है और जयलाल के नाम पर ही हो रहा है। जो हस्तक्षेप कर रहे हैं, वे जयलाल को मिटाने के बाद उसकी मौत पर मगर के आँसू भी बहा सकते हैं। इस मकर-संक्रान्ति के दिन मैं उन्हें भी कैसे भूल सकता हूँ!

□□□